Was ist Geld?

Dietrich Eckardt

Was ist Geld?

Strukturen, Möglichkeiten und Grenzen des Treibstoffs moderner Kreditgeldwirtschaften

2. Auflage

 Springer Gabler

Dietrich Eckardt
Überlingen, Deutschland

ISBN 978-3-658-41975-2   ISBN 978-3-658-41976-9 (eBook)
https://doi.org/10.1007/978-3-658-41976-9

Die Deutsche Nationalbibliothek verzeichnet diese Publikation in der Deutschen Nationalbibliografie; detaillierte bibliografische Daten sind im Internet über https://portal.dnb.de abrufbar.

Planung/Lektorat: Guido Notthoff
Springer Gabler ist ein Imprint der eingetragenen Gesellschaft Springer Fachmedien Wiesbaden GmbH und ist ein Teil von Springer Nature.
Die Anschrift der Gesellschaft ist: Abraham-Lincoln-Str. 46, 65189 Wiesbaden, Germany

Das Papier dieses Produkts ist recyclebar.

Vorwort

Texte zur Finanzwirtschaft – als wohl wichtigsten Teil unserer Wirtschaft – sind nicht überall leicht eingängig. Es lag daher nahe, ein Buch zu verfassen, das auf nachvollziehbarem Weg zum Geldbegriff hinführt, als *Studiengang* sozusagen. Die Entwicklung der Geldtheorie und ihrer Grundlagen beginne ich bei Alltagserfahrungen, die jeder machen kann, der sich auf dem Markt bewegt. So haben auch finanztechnisch Unerfahrene die Möglichkeit, sich in einen phänomenadäquaten Geldbegriff hineinzuarbeiten.

Meine Ausführungen gehen vom gegenwärtigen Status des Geldwesens aus, transzendieren diesen aber auch. Das Finanzwesen wird also nicht nur so beschrieben wie es nunmehr *ist,* sondern darüber hinaus auch so, wie es in einer gut funktionierenden Wirtschaft sein *sollte.* Bei der Analyse der geldrelevanten Aktivitäten kristallisiert sich so etwas wie ein monetäres Ideal heraus. Es erwächst ein Maßstab, der nicht nur hilft, gängige Meinungen in Frage zu stellen, sondern auch Neues zu sehen und ungewohnte Perspektiven zu eröffnen.

Das Besondere an der hier vorgestellten Theorie ist: die *Gelddeckung* steht im Mittelpunkt. Erst dies ermöglicht, die Inflation und deren Ursachen umfänglich zu verstehen. Es ermöglicht auch, den Nutzwert der sog. „Geldpolitik" sachgerecht zu beurteilen. Und es rechtfertigt sich daraus auch der radikale Affront gegen die sogenannte Modern Monetary Theory und gegen alle ihr verwandten Lehren. Wir beobachten seit längerem, wie die Praxis, die sich daran orientiert, „vor die Wand fährt".

Eine Explikation der Art wie die hier vorgenommene ist zu vielschichtig, als dass man ihr Resultat aus einem einzigen Kopf hervorzaubern könnte. Ich habe viele Gespräche geführt – nicht nur mit Zeitgenossen, sondern auch mit jenen Verstorbenen, die ihre Forschungsergebnisse aufgeschrieben haben. Es besteht daher hinreichend Grund, diesen Menschen zu danken. Ich tue das, indem ich sie in meinem Buch umfänglich zu Wort kommen lasse. Vor allem Autoren aus früheren Zeiten gewähre ich viel Raum. Ihre Aussagen sind nach wie vor aktuell, heute aktueller denn je. Vielleicht kann ich die eine oder andere Argumentationslücke in ihren Ausführungen schließen, aufgrund eigener Beobachtungen und Analysen. Meine Dankbarkeit gilt auch jenen, deren Ansichten ich widerspreche. Auch sie haben – wenn zwar nur indirekt – wertvolle Anregungen gegeben und Denkanstöße bewirkt.

Überlingen, Deutschland   Dietrich Eckardt
Mai 2023

Inhaltsverzeichnis

Ausgangslage und Problemstellung 1

Individuelles Handeln, auch ökonomisches Handeln, ist stets auf bestimmte Dinge ausgerichtet. In der Ökonomie kommen die Dinge aber nicht als *solche* ins Spiel, sondern in ihrer Eigenschaft als *Güter*. „Güter sind die tauglichen Befriedigungsmittel für menschliche Bedürfnisse … Also nicht jedes Ding ist an sich schon ein Gut, sondern [es ist dies] erst im Dienstleistungsverhältnis zum Menschen" (Böhm-Bawerk, 1998). Die „Tauglichkeit" der Güter besteht in deren *Nutzung*. Die Güternutzung erfordert seit ewigen Zeiten neben der *Güterherstellung* auch den *Gütertausch*. Die Menschen leben nicht nur von der individuellen Güterherstellung, sondern vor allem vom interindividuellen Tausch (im Folgenden: Abschn. 1.1).

Das mit Abstand wichtigste Tauschmittel ist das *Geld*. Es ist zwar nicht das unentbehrlichste Gut – man kann es nicht essen und kann sich damit nicht kleiden, aber beim Tausch spielt es eine hervorragende und derzeit unersetzbare Rolle (im Folgenden: Abschn. 1.2).

1.1 Der Gütertausch

Der Ort des Tausches ist der *Markt*. Der Markt ist kein Ort im räumlichen Sinne. Der Wirtschaftsphilosoph Ludwig von Mises betont, dass es sich dabei um einen *Prozess* handelt (Nachdruck 1980). Am Markt herrscht ständige Aktivität. Dort gelangen die Güter aus dem Bereich der *Güterhortung* in den Bereich der *Güterbewegung*. Jedes Tauschgut bewegt sich am Markt im Gegenzug zur Bewegung eines anderen.

Beim Tausch wird ein Gut einerseits herausgegeben, andererseits angenommen. Es findet ein Geben und Nehmen statt. Der Tausch ist ein Akt mit zwei solchen

© Springer Fachmedien Wiesbaden 2023
D. Eckardt, *Was ist Geld?*, https://doi.org/10.1007/978-3-658-41976-9_1

Transfers, also ein doppeltes Geben und Nehmen. Man spricht daher von der *Bila-*
teralität des Tausches. Die Bilateralität ermöglicht, dass bei den gegenläufigen Gü-
terbewegungen Symmetrie vorherrscht, im Unterschied zum Schenken, wo diese
Symmetrie fehlt.

Mit der Verwandlung meines persönlichen Gutes in ein Tauschobjekt geht zugleich eine zumeist unbeachtete Verwandlung an diesem Gut einher. Es passiert
mit ihm Folgendes: Mein Tauschpartner und ich sehen in meinem auf dem Markt
befindlichen Ding nicht nur ein *Gut*, das im Wege des Tausches übertragen werden
soll, sondern zugleich auch eine *Schuld*, die mir wegen der Vergeltungspflicht meinem Tauschpartner gegenüber entsteht. Meine zum Tauschangebot mutiertes Ding
ist nicht nur schlicht Gut, sondern Gut und Schuld in einem.

Die beiden Eigenschaften „Gut" und „Schuld" erscheinen hier als Merkmale
eines Tauschobjekts. Aber für etwas „gut sein" und etwas „schuldig sein" sind auch
Merkmale von Menschen. Worauf wir – meine Leser und ich – im Folgenden unser
Hauptaugenmerk richten, auf den Menschen oder auf sein zum Tausch angebotenes Objekt, ist für den Fortgang der Darstellung unerheblich. Wichtig hingegen
ist – und deshalb festzuhalten – die *Januskopfigkeit der Tauschgüter*, d. h. der Umstand, dass hier Gut und Schuld in eines zusammenfließen. – Vielleicht war dies
das Motiv einiger antiker Münzer, auf die Tauschgüter „Gold" oder „Silber", die zu
Münzen verarbeitet wurden, einen Januskopf zu prägen.

Mit der Entscheidung, eines meiner (gehorteten) Güter zum Tauschobjekt zu
machen, verliert das Gut seine Un-Schuld. Es wird zur Schuld. Das Gleiche passiert mit dem Gut meines Tauschpartners. Dass ein Gut zur Schuld wird, also gewissermaßen „seine Un-Schuld verliert", verdankt es lediglich der individuellen
Entscheidung, es als Tauschobjekt auf den Markt zu bringen. Nichts als der freie
Wille eines Menschen ist dafür verantwortlich, dass dies passiert. Als reines und
schuldfreies Gut wechselt ein Objekt seinen Besitzer nur, wenn es verschenkt wird.
Daraus erhellt: Schulden sind kein Spezifikum der Finanzwirtschaft. Sie sind eine
allgemeine Erscheinung des Handels am Markt.

Ein Tauschpartner opfert ein ihm gehörendes Gut oder einen Teil davon. Bei
aller Begehrlichkeit für den Besitz des Gutes eines Anderen, erst diese Opferbereit-
schaft ermöglicht den Tausch. Jeder Tauschpartner signalisiert mir klar und deutlich: „Ich will dir nichts schenken. Wenn du mein Gut haben willst, dann kostet das
etwas." Und ich – als sein Gegenüber – habe kein Problem damit. Ich bin bereit,
Güter von mir zum Erwerb von dessen Gütern herzugeben, mit anderen Worten:
dafür zu *bezahlen.*

Aus der Abb. 1.1 geht hervor: Nicht nur Geld, sondern jedes in den Tausch ge-
langende Gut hat Zahlungsmittelcharakter. Manchmal ist die Funktion, Zahlungs-

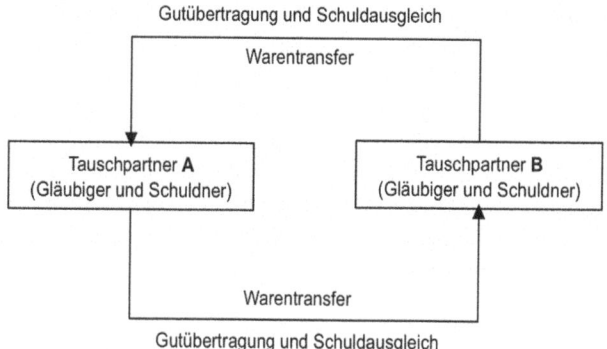

Abb. 1.1 Bilateraler Gütertausch als Gutübertragung und Schuldausgleich

mittel zu sein, bei Sachgütern sogar wichtiger und effektiver als beim Geld. Man denke nur an den Goldschmuck und die Zigaretten nach dem letzten Weltkrieg und nach dem Zerfall der Sowjetunion oder an den Whisky zur Zeit der amerikanischen Prohibition.

Sobald irgendein Gut in den Tausch, also auf den Markt gelangt, ist es *per se* Zahlungsmittel. Eine Bezahlung ist die Vergütung einer Lieferung, ganz gleich, in welcher Form sie erfolgt. Wegen der Bilateralität des Tausches sind immer *beide* Tauschpartner „Zahlmeister". Wir neigen dazu, immer nur *ein* Tauschgut als Zahlungsmittel anzusehen, nämlich Geld, mit dem dann irgendein Sachgut erworben wird. Das widerspricht der ökonomischen Struktur des Tausches. Seine Bilateralität bewirkt, dass *jedes* Gut Zahlungsmittel ist, und zwar immer dann, wenn es auf den Markt gelangt. Das gilt für alle Tauschvorgänge, auch für die, bei denen nur Sachgüter ausgetauscht werden.

Verschwindet ein Wirtschaftsgut vom Markt, dann ist es nicht mehr Zahlungssondern *Wertaufbewahrungsmittel*. Es gelangt aus der Bewegungs- in die Ruheposition. Ob ein Gut Zahlungsmittel oder Wertaufbewahrungsmittel ist, entscheidet sich daran, ob es seine Un-Schuld noch hat oder nicht, d. h. ob es noch reines Gut ist oder nicht. Ist ersteres der Fall, kann man in jedem (zumindest haltbarem) Gut ein Wertaufbewahrungsmittel sehen. Im zweiten Fall ist dasselbe Gut Zahlungsmittel. Ob ein Wirtschaftsgut als Zahlungsmittel oder als Wertaufbewahrungsmittel dienen, sich also bewegen oder ruhen soll, obliegt der Entscheidung eines Wirtschaftssubjekts.

Tauschgüter unterscheiden sich unter anderem im Grad ihrer *Liquidität* (Marktgängigkeit). Das liquideste Tauschgut ist das Geld. Aber *was* ist Geld? – Die Frage

zielt nicht auf die *Funktion,* sondern auf das *Wesen* des Geldes. Der Blick auf das
Wesen einer Sache verlangt uns die Fähigkeit ab, zu ihrer Wirklichkeit die Bedingungen ihrer Möglichkeit zu denken. Dabei mag hinsichtlich des Geldes Mancher
besonders leidvolle Erfahrungen gemacht haben. „Nicht einmal infolge der Liebe
sind so viele Leute verrückt geworden als infolge des Nachdenkens über das Wesen
des Geldes", soll der angesehene englische Politiker William Edwart Gladstone
einmal gesagt haben. Den Lesern der folgenden Zeilen bleibt solches Schicksal er-
spart. Ich konfrontiere sie nicht mit dem leidigen Weg des Nachdenkens und der
Analyse, sondern nur mit deren Ergebnissen.

1.2   Geld als besonders brauchbares Tauschgut

Man kann alles Mögliche tauschen: Nahrungsmittel, Produktionsgüter, Rechte,
Verträge usw. Die ursprüngliche Form des Gütertausches ist der direkte Austausch
Sachgut gegen Sachgut: Waffen gegen Getreide, Schmuck gegen Holz, Zigaretten
gegen Kartoffeln, Häuser gegen Edelmetallstückchen usw. Allerdings: Mit der
Wertbemessung der zum Tausch anstehenden Güter darf man es bei dieser Form
des Handels nicht allzu ernst nehmen. Man braucht dies auch nicht, wenn man der
Tatsache Rechnung trägt, dass das Werturteil, das jedem Tausch vorangeht, subjektiv ist und sich zudem ständig ändert (s. Abschn. 2.1). Für ein rationales Wirtschaften erscheint es immerhin als *nützlich,* ein allgemein bewertbares Tauschgut/Zah-
lungsmittel zu haben. Eine Gesellschaft ohne ein solches hätte große Schwierigkei-
ten mit der *Allokation,* das heißt der sachgerechten Verteilung der Güter und
Produktionsfaktoren innerhalb der Wirtschaft. Die optimale Allokation wird durch
Geld ermöglicht.

Die beiden wichtigsten Teile der klassischen Gelddefinition sind, Zahlungsmittel und Wertaufbewahrungsmittel zu sein. Aus den Erörterungen des Abschn. 1.1
geht aber hervor, dass diese Merkmale das Wesen des Geldes nicht treffen, weil sie
auf *jedes* Tauschgut passen. Nicht nur Geld hat die Aufgabe, als Zahlungs- bzw.
Wertaufbewahrungsmittel zu dienen. Unter bestimmten Voraussetzungen können
alle Wirtschaftsgüter diese Aufgabe übernehmen. Die beiden Merkmale „Zahlungsmittel" und „Wertaufbewahrungsmittel" taugen also nicht für eine phänomenadäquate Gelddefinition. Dieser Sachverhalt wird noch deutlicher nach genauerer
Analyse (s. Abschn. 2.5.1.2).

Geld ist zweifellos auch Zahlungsmittel. Dem Verständnis des Geldes ist aber
nicht gedient, wenn z. B. Paul Samuelson und William Nordhaus in ihrem Stan-
dardwerk (2005) das Geld als ein *allgemein akzeptiertes* Zahlungsmittel definieren. Ein allgemein akzeptiertes Zahlungsmittel war vor nicht allzu langer Zeit auch

die Zigarette. Wenn bei den ursprünglichen Formen des Handels (Naturalientausch) zwar kein Geld fließt, bezahlt wird trotzdem. Ein begehrtes, aber nicht als Geschenk zu erlangendes Gut ist nicht zu haben ohne Bezahlung.

*****

Weil viele Geldtheoretiker stark auf die Vorgänge bei den Zentralbanken und auf die Emission des *Staatsgelds* (s. Abschn. 2.5.2.6) fixiert sind, können sie nicht erklären, wie die Mitglieder etwa von Trade Nets ihre Finanzwirtschaft bewerkstelligen. Denken wir an den traditionellen Wechselverkehr hanseatischer Kaufmannschaften, der auch nach dem Mittelalter noch vorzüglich funktionierte, oder an das WIR-Geld des vor ca. neun Jahrzehnten gegründeten Schweizer WIR-Rings.

Im WIR-(„Wirtschafts"-)Ring sind zeitweise ca. 60.000 mittelständische Unternehmen und deren Mitarbeiter zusammengeschlossen. Er unterhält für seinen Privatgeldkreislauf eine eigene Bank mit einer Reihe schweizweit verteilter Filialen. Seine Mitglieder wickeln ihren Güterverkehr zum Teil mit eigenem Geld und ohne staatliche Zentralbank ab.

Auch die elektronischen Währungen der LETS (Lokal Exchange Trading Systems), das Ithaka Money, das RGT-Geld Argentiniens und eine ganze Reihe anderer Geldverkehre kommen ohne Zentralbank aus. Die Milliardenbeträge, die als sogenanntes *Near Money* täglich den Erdball umkreisen, sind bei der Blickverengung auf das Zentralbankgeld ebenfalls nicht zu erfassen, obwohl dieses „Money" überall gern als Zahlungsmittel in Anspruch genommen wird.

Es kann nicht ausdrücklich genug betont werden, dass ein Verständnis des Geldwesens nicht ohne genaue Kenntnis des Tausches und seiner Wesensbestandteile („Kostituenten") zu erlangen ist. Mancher Ökonom wurde nicht müde, zu betonen, dass Kenntnisse über das Wesen des Geldes nicht durch die Untersuchung des Staates und seiner Kreditwesengesetzgebung, auch nicht der staatlichen Zentralbank oder anderer Institutionen zu erlangen sind, sondern durch die genaue Analyse prämonetärer Tauschakte. Auch nach Durchsicht neuerer Publikationen – etwa der sogenannten Modern Monetary Theory – besteht kein Anlass, von dieser Auffassung abzurücken. Die Analyse braucht einen Erlebnisbereich, der Ausgangspunkt für ihre Arbeit ist. Und der stellt wie überall, so auch im vorliegenden Fall, die Praxis dar – in unserem Fall die Praxis des Tauschens von Gütern auf Märkten.

Es ist mir ganz unverständlich, dass so belesene Autoren wie z. B. Hajo Riese, Gunnar Heinsohn oder Otto Steiger der Tauschpraxis bei der Aufklärung des Geldphänomens so wenig Beachtung beimessen. Damit begeben sie sich in die Gefahr, (mit ihren eigenen Worten!) „ihre akademische Übung für Theorie (zu halten), bei der es in der Tat unwesentlich ist, ob ihr Gegenstand in der Welt ist" (Heinsohn und Steiger, 2006).

Literatur

Böhm-Bawerk, Eugen von, Insbrucker Vorlesungen über Nationalökonomie, Nachdruck 1998
Mises, Ludwig von, Nationalökonomie – Theorie des Handelns und Wirtschaftens, Nachdruck München 1980
Heinsohn, Gunnar und **Steiger**, Otto, Eigentum, Zins und Geld, Marburg 2006
Samuelson, Paul/**Nordhaus**, William, Economics, New York 2005

Die Untersuchungsergebnisse

2

Die Tauschvorgänge werden durch „Interessen und Bedürfnisse" gesteuert, so heißt es gewöhnlich. Dem kann man pauschal zustimmen. Wer hingegen den Inbegriff des Marktes, mit anderen Worten: die Wesensstruktur des Tausches, ergründen will, wird nicht sofort Ja sagen können. Denn der Tausch wird durch bestimmte mentale Vorgänge und deren Wesensstrukturen *erst ermöglicht*.

Ein Tausch ist zweifellos ein „binäres Zahlungsereignis". Aber das ist nur sein äußerer Charakter. Wer an den „Zahlungen als letzten, nicht weiter auflösbaren Elementen" die Wesensstruktur des Tausches festmachen will, wie etwa Niklas Luhmann (2019), begibt sich in die Gefahr, die wichtigsten konstitutionellen Komponenten zu übersehen, die den Tausch als sozialen Akt möglich und damit überhaupt erst verständlich machen. Das sind vor allem die Geistesleistungen *Evaluieren, Quantifizieren und Kreditieren*. Sie sind die *tragenden Säulen des Tausches*. Als solche sind sie ökonomisch höchst bedeutsame Sujets. Ohne sie bewegt sich nichts am Markt, ja es gibt dann einen solchen erst gar nicht. – Weil diese „Säulen" das Wesen des Geldes maßgeblich bestimmen, gehört ihre Erörterung an den Anfang einer Untersuchung dieses Phänomens.

Ich wende mich zuerst dem Evaluieren und dem Quantifizieren zu (im Folgenden: Abschn. 2.1 und 2.2). Beide Geistesleistungen vereinen sich zum *numerischen Bewerten* eines Tauschguts, insbesondere auch des Geldes anlässlich der Geldschöpfung. Die dritte und nicht minder wichtige „Säule" ist das Kreditieren (im Folgenden: Abschn. 2.3). Erst nach genauer Untersuchung des Kreditierens und dem Offenliegen seiner Strukturelemente können wichtige Fragen zum Geld gestellt und fundiert beantwortet werden, z. B. die Frage nach dessen Entstehung, nach dessen Funktion auf dem Markt, nach seiner Deckung oder seiner idealen Menge. Auch eine sachgerechte Kritik des Finanzwesens ist dann erst möglich.

© Springer Fachmedien Wiesbaden 2023
D. Eckardt, *Was ist Geld?*, https://doi.org/10.1007/978-3-658-41976-9_2

Auf der Basis des Kreditierens kann man Handel treiben. Die Voraussetzung dafür ist: das den Kredit tragende *Schuldentilgungsversprechen* muss zu einer greifbaren Sache werden. Wie wird ein (immaterielles) Versprechen zu einer (materiellen) Sache? Dafür muss es vergegenständlicht sein. Die Vergegenständlichung eines Versprechens kann nur *indirekt* erfolgen, nämlich als Symbol auf einem Trägermedium, etwa in Form einer schriftlichen Aufzeichnung: als *Gutschein*, als *Handelswechsel* oder als *Wertschrift* (im Folgenden: Abschn. 2.4).

Viele Wertschriften haben bereits die Wesenseigenschaften jenes Wirtschaftsguts, das wir Geld nennen. Für ihren unbeschränkten und überall möglichen Gebrauch als Zahlungsmittel müssen aber einige Voraussetzungen zusätzlich erfüllt sein. Erst dadurch wird eine geld*ähnliche* Wertschrift zu Geld. Sie wird damit zu einem Tauschgut, das in *jeden* Tausch eines Handelskreises einfließen kann. Ist beim Gütertausch Geld beteiligt, sprechen wir nicht mehr von Tausch, sondern von Kauf bzw. von Verkauf (im Folgenden: Abschn. 2.5).

Auf dem Markt finden ständig Verschiebungen bei der Güterbewertung statt. Die dokumentieren sich im Zuordnungsverhältnis Geldwert-Sachwert. Sollte sich dieses Verhältnis signifikant und nachhaltig ändern, sprechen wir von Inflation oder Deflation. (im Folgenden: Abschn. 2.6).

2.1   Das Evaluieren

Ein rational organisierter Markt stellt nicht nur die optimale Verteilung der Güter sicher, sondern auch die jeweils passende Rangfolge beim Gütererwerb und bei der Güterverwendung. Die Rangfolge ändert sich ständig – angesichts unterschiedlicher und sich wandelnder Interessen und Bedürfnisse beim einzelnen Wirtschaftssubjekt. In ihr haben bestimmte Güter eine hohe oder niedrige *Präferenz* gegenüber anderen. Die Ermittlung der Präferenz obliegt einer *Evaluation*, also einem Akt, der die Eigenschaften des Tauschguts daraufhin abklopft, ob und inwieweit es einen Wert hat für das aktuelle Leben bzw. ob der Wert angemessen ist. Das ist ein nicht physischer, rein geistiger Akt.

Worin dokumentiert sich die Evaluation? – Die Antwort fällt verschieden aus, je nachdem, in welchem Lebens- und Bewertungsbereich man sich gerade befindet. Man kann eine Sache oder einen Vorgang als gut oder schlecht bewerten, als moralisch oder unmoralisch, als träge oder flink, als schön oder hässlich usw. Die in der Ökonomie ins Spiel kommende Bewertung unterscheidet sich von allen soeben genannten. Hier geht es um den *Nutzwert*. Der Nutzwert ist der wirtschaftliche Wert eines Gutes. Auf den einzelnen Menschen bezogen ist der Nutzwert das subjektive Maß für dessen Wohlergehen oder seine Zufriedenheit (Mankiw und Taylor 2021)

Die Kernfrage beim Tausch lautet: Wie steht das Gut X im Vergleich mit einem anderen Gut Y nutzwertmäßig da? (Gossen, 1854; Menger, 2006; Wieser, 2016). Damit eng verbunden ist die Frage: Was muss ich aufgeben, um etwas anderes zu erlangen. Oder anders ausgedrückt: Wie hoch sind meine *Opportunitätskosten*? Das bedeutet, ich muss angesichts eines Zielkonflikts eine Entscheidung treffen.

Die soeben genannten Forscher, die sich mit dem Bewerten innerhalb ökonomischer Zusammenhänge intensiver als andere beschäftigt haben, betonen die *Subjektabhängigkeit* dieses Vorgangs. Der wirtschaftliche Wert eines Gutes haftet diesem nicht selbst an, sondern wird ihm vom bewertenden Subjekt *verliehen*. Erst nach einer solchen Verleihung „klebt er am Gute … Der Vorgang [des Bewertens] wird versinnlicht, der Gedanke wird Körper" (Friedrich von Wieser, 2016).

Schon Thomas Hobbes (Nachdruck 2013) hatte erkannt: Der Wert eines Gutes (sein Preis) ist nicht abhängig von der Wertschätzung des Produzenten, sondern vom Bedarf und Urteil des Konsumenten. Der Wert ist das, was der *Abnehmermarkt* als Nutzwert eines Gutes definiert. Dieser Umstand hat Folgen auf die richtige Einschätzung des klassischen Problems von „Mehrwert und Arbeit". Ob durch vorangegangene Arbeit ein Mehrwert bei einem Wirtschaftsgut erzeugt wurde, zeigt sich erst beim Tausch. Der Tauschpartner in seiner Rolle als Güterabnehmer bestimmt den Wert der Arbeit. Hat die Arbeit an einem Rohprodukt den Nutzwert in den Augen der Güterabnehmer nicht erhöht, war sie umsonst gewesen.

„Das Relative des Werthes" hat Hermann Heinrich Gossen dazu bewogen, auf ihr eine besonders phänomenadäquate, vorher in der öffentlichen Diskussion nicht präsente Wertlehre aufzubauen. Seine Theorie fegte die Arbeits- und Mehrwerttheorien seiner Zeitgenossen vom Tisch. Sie wurde später von Carl Menger und Friedrich von Wieser weiterentwickelt. „Die Außenwelt hat für uns Werth, und es folgt daraus, dass der Werth der Außenwelt genau in dem Maße steigt und sinkt, wie die Hilfe, die sie uns gewährt zur Erreichung unseres Lebenszwecks … Ihr Werth wird daher gemessen durch die Größe der Genüsse, welche sich der Mensch durch dieselben verschafft." Die „Größe der Genüsse" ändert sich ständig. „Diese Schlüpfrigkeit glaubte man dem Werthe nehmen zu können, wenn man einen absoluten Werth statuirte. Und wenn ein solcher existirte, würden durch denselben die Berechnungen unleugbar einfacher werden. Schade darum, dass er nicht existirt, und alle Rechnungen der National-Oekonomen ohne Ausnahme dadurch falsch geworden sind" (Gossen, 1854; Orthographie nach Gossen).

Gossen, Menger und Wiese begannen, mit ihrer Wertetheorie ein Gegengewicht zu schaffen gegen die sogenannte „Arbeitswertlehre", die Adam Smith, David Ricardo, Karl Marx und ihre Nachfolger entwickelt hatten. Nach Menger ist alles so viel wert, wie es beim *Erwerb* an Aufwand kostet und nicht, was es an *Erstellungs*aufwand kostet (z. B. durch Arbeit). Der Erstellungsaufwand spielt bei der Bewertung zwar auch eine Rolle, aber eine nachrangige. Denn erst beim Tausch auf dem Markt erhält ein Gut seinen wahren Wert.

Die Größe des allgemein erwarteten Nutzens schlägt sich nieder im Marktpreis. Über den wirtschaftlichen Wert (und auch den Mehrwert) entscheidet letztlich der „König Kunde" am Markt. Außerhalb des Marktes ist ein Gut – auf seinen Nutzen bezogen – völlig wertneutral, auch wenn es – etwa aus ideellen Gründen – für noch so wertvoll gehalten wird.

Dass ich in der Lage bin, ein Gut hinsichtlich seiner Nutzbarkeit höher oder niedriger einzuschätzen als ein anderes, ist die Voraussetzung dafür, überhaupt in einen Tausch eintreten zu wollen. Der Tausch setzt voraus, dass ich eine Rangordnung unter den in Rede stehenden Nutzwerten herstelle. Das durch den Tausch zu Erhaltende muss mir wertvoller, d. h. nützlicher erscheinen als das Herzugebende, zumindest sollte ein Grenznutzen nicht unterschritten sein. Sonst kommt es nicht zum Tausch. Würden wir nicht unterschiedlich bewerten können, fiele der gesamte Marktverkehr in sich zusammen. Dieser Umstand hat die Altmeister der Ökonomie (s. o.) dazu bewogen, dem Bewerten eine zentrale Stelle in ihren Wirtschaftstheorien einzuräumen.

Trotz der Subjektivität und Relativität des Bewertens konstatieren wir bestimmte Gesetzmäßigkeiten: Der wirtschaftliche Wert einer Sache nimmt mit steigendem Vorrat ab, was uns die Grenznutzentheorie lehrt; der Wert, den eine zum Tausch hergegebene Sache hat, erscheint nie größer als der Wert der zu erwerbenden Sache; die Höhe des Wertes einer begehrten Sache und die Größe des Begehrens der Sache werden sichtbar am Umfang des zu ihrer Erlangung erforderlichen Opfers, was vor allem Georg Simmel (1987) betont; die Wertfestsetzungen der Vergangenheit haben Einfluss auf die momentane Bewertung eines Tauschobjekts, was etwa bei der Preisbildung am Markt zu beobachten ist (Mises, 1980). Auch der Umfang der Nachfrage beeinflusst den Wert eines Gutes. Dies hat vor allem John Stuart Mill (Nachdruck 2009) betont.

Für die Bestimmung des Nutzwertes gibt es Maße. Anders als bei den physisch basierten Maßen (Gramm, Meter, Sekunde) verwenden wir bei der ökonomischen Bewertung ein physisch nur indirekt festlegbares, *immaterielles* Maß: das ***Wertmaß***. Das Wertmaß ist genau wie alle anderen Maße eine willkürliche Festsetzung. Es ist reine Konvention. Wir wählen dafür Bezeichnungen wie ***Euro, Franken*** oder ***Dollar***. Das sind keine Bezeichnungen für irgendwelche Gelder, wie das Publikum fast durchweg glaubt. Es sind vom Geld völlig unabhängige und auf Tauschgüter allgemein bezogene *Wertmaßbezeichnungen*. Sie drücken unterschiedliche Wertstandards aus, so wie die unterschiedlichen Standards der Längenmessung vor Einführung des Metermaßes in Europa. Sie messen den Wert aller möglichen Güter, neben anderen auch den des Geldes. *Ein und dasselbe Gut* (auch ein bestimmtes Geld!) kann mit unterschiedlichen Wertmaßen – Euro, Franken oder Dollar – gemessen werden. Auf den Irrtum, dass das Geld selbst das allgemeine Wertmaß sei, hat schon Gossen hingewiesen.

Als der Euro als neues Wertmaß in Teilen Europas eingeführt wurde, dachten fast alle, jetzt sei neues Geld da. Die Wahrheit ist: kein einziger Cent ist neu entstanden. Das bereits vorhandene Geld ist lediglich umbewertet worden. Und so geschieht es auch beim Zugang weiterer Nationen in den Euroraum (die zwar eigene Wertmaße haben, in der Regel aber längst wirtschaftlich mit diesem Raum und indirekt auch mit dessen Wertbemaßung verbunden sind). Das Missverständnis entstand bzw. entsteht weiterhin, weil man nicht gelernt hat, die Begriffe „Wertmaß" und „Geld" klar und deutlich voneinander zu trennen.

Die hier vorgenommene Unterscheidung von Wert (Wertmaß) und Geld mag Vielen übertrieben, pedantisch und haarspalterisch erscheinen. Dem ist entgegenzuhalten: Ohne klare begriffliche Abgrenzung des Wertbegriffs vom Geldbegriff sind wichtige Erscheinung auf dem Finanzsektor, z. B. die Bonitätsprüfung bei Banken (s. Abschn. 2.5.2.3) oder die Inflation (s. Abschn. 2.6 ff.) nicht zu verstehen.

Nun fragt sich: Wie hat man sich die Genesis der immateriellen Wertmaße vorzustellen? Woher stammen sie? – Auch ohne sich tief auf historische Nachforschungen einzulassen, wird man annehmen dürfen, dass einstmals *materielle* Größen das Ausgangsmaß für unsere heutigen von der Materie völlig losgelösten Wertmaße abgegeben haben (Mises, Nachdruck 2016: „Regressionstheorem"). Das legen die Wertmaßbezeichnungen „Pfund" und „Mark" nahe, die ursprünglich Gewichtmaßbezeichnungen waren. Jetzt ist man ganz von der physisch basierten Nutzwertbestimmung abgekommen. Heute sind Wertmaße *nicht physische* (metaphysische) Größen. Dieser Umstand kann in der Finanzwirtschaft zu großen Problemen führen (s. Abschn. 2.6 ff.).

2.2 Das Quantifizieren

Bewertungsmaße haben im Unterschied zu physisch basierten Maßen, wie z. B. Meter oder Gramm, keine materielle Basis. Es gibt keinen „Urwert", wie z. B. beim physisch präsenten Urmeter oder beim physisch präsenten Urgramm. Dennoch stehen die Wertmaße – genau wie die physischen Maße – in enger Verbindung mit Zahlen.

Schon bei oberflächlicher Betrachtung der Tauschvorgänge ist zu erkennen: ein bestimmtes Gut oder eine Gütemenge kann größenmäßig aufgeteilt werden. Das ist die Voraussetzung dafür, dass Zählung und Zahl ins Spiel kommen können. Eine Zahl ist die symbolische Vergegenständlichung eines abstrakten Geistesprodukts, das wir *Quantum* nennen. Dass wir Zahlen *überhaupt* erleben können, verdanken wir der mentalen Leistung *Quantifikation*. Die Quantifikation ist wie die Evaluation ein wichtiger Teil der weltbildenden Synthesis unseres Geistes. Beim Tausch spielen aber nicht nur die Ermittlungen von Zahlen (numeri), sondern auch *pränumerische* Quantifikationsprozesse eine Rolle. Grund genug, sich den Prozess „Quantifikation" genauer anzuschauen – vor allem auch in seiner pränumerischen Form.

Durch bestimmte (äußere oder innere) Anlässe wird das, was wir Realität nennen, aus dem Potenzial unserer Weltbildungsleistung gleichsam als Abbild in uns hervorgerufen. Dadurch werden jene Geistesstrukturen, die für unsere Weltbildung verantwortlich sind, zu unseren Erlebnissen. Was dabei genau geschieht, wissen wir nicht. Wir konstatieren nur, dass die weltbildende Synthesis mit jener typischen Verwandlung „Potentialität in Realität" die Welt unseres Erlebens (die in der neueren Philosophie sog. „Lebenswelt") hervorbringt. Das gilt auch für den quantitativen Aspekt unserer Welt.

Es ist aber nicht die weltbildende Synthesis als ganze, die die Quantifikation bewirkt. Es ist nur jener Teil, den wir von alters her Apperzeption nennen (im Unterschied zur Perzeption, die die Sinneseindrücke hervorbringt). Bei der Apperzeption geschieht dem Ich nicht irgendetwas, wie bei den Sinneseindrücken, sondern es ist als Aktives bei der synthetischen Weltproduktion dabei (deshalb ursprünglich „ad-perceptio").

Die Apperzeption ist jener Teil der inneren Bewegung unseres Geistes, der uns befähigt, z. B. beim *Wechsel unserer Aufmerksamkeit* von einem (in sich abgeschlossenen) Etwas zu einem anderen (in sich abgeschlossenen) Etwas vorwärts zu schreiten. Der Wechsel unserer Aufmerksamkeit „zerstückelt" gewissermaßen unseren ansonsten kontinuierlichen Erlebnisstrom. Das geschieht vor allem auch bei der Wahrnehmung wirtschaftlicher Güter.

Der Wechsel von einem Etwas zu einem anderen wird durch eine *diskontinuierliche* innere Bewegung parallel zum *kontinuierlichen* Erlebnisstrom erzeugt. Beim *Erzeugen* eines Etwas zusammen mit dem *Behalten* früherer Etwas entsteht ein aufsummiertes Etwas-und-Etwas-und-Etwas … Dieser kombinierte geistige Vorgang (Erzeugen *und* Behalten) ermöglicht, Teile als Ganzes haben zu können oder ein Ganzes (z. B. einen Batzen Butter) in Teile zu „stückeln". Die weltbildende Synthesis erzeugt auf diese Weise die Quanten. Das tut sie schon vor aller Arithmetik, und zwar ganzheitlich eingebunden in unsere natürlichen Wahrnehmungs- und Vorstellungsprozesse (zu all dem siehe Verf., 2020).

In Form einer *symbolischen* Vergegenständlichung (dazu sind offenbar nur wir Menschen fähig) mutiert das Quantifizieren, das sich als solches immer schon und vor aller Arithmetik vollzieht, zu einer ausdrücklichen Zählung. Eine konkrete Zählung ist die Vorwärtsbewegung der apperzeptiven Synthesis innerhalb eines

Strichcodes oder eines Ziffernsystems. Das Pro-dukt dieses Vorgangs ist die Zahl, und zwar zunächst in ihrer Rolle als *Kardinalzahl*, also als Mittel der Mengenerfassung. Die Zahl kann auch als Ordinalzahl fungieren, etwa dann, wenn es um eine wertmäßige Rangermittlung von Gütern geht.

Weil die Zählung sich aus Geistesleistungen herleitet, die dem Menschen schon vor aller bewusst vollzogenen Quantifikation möglich sind (was nicht heißt, dass er sie schon von Kindesbeinen an erbringen kann), ist auch ihr Produkt, die Zahl, nichts prinzipiell Neues in der Welt des Menschen. Ihre Konstituenten sind da, bevor Zahlen in Gestalt von Symbolen erscheinen. Ist die Zahl zwar einerseits der *Begriff* eines Quantums, also das Ergebnis einer bewusst vollzogenen Abstraktion, „so gehört doch andererseits der Anfang der Zahl selbst einer anderen und weit früheren Schicht als der strengen wissenschaftlichen Begriffsbildung an" (Cassirer, 1964, Band III).

Zahlen sind „Endergebnisse einer transzendentalen Produktion" (Lohmar 1989). Eine Zahl ist – als das durch Ziffern (also *symbolisch!*) vergegenständlichte Quantum – ein *individuelles Objekt*. Die Zählung ist der in die Abstraktion gehobene quantitative Aspekt der Apperzeption. In der hier verwendeten Bedeutung (als *Zahlbildungs*leistung!) findet sich das Wort „Zählung" vor allem bei dem Mathematiker, Logiker und Philosophen Edmund Husserl (1972; vergl. auch Gericke, 1970; Lohmar, 1989).

2.3   Das Kreditieren

Tauschvorgänge, bei denen ausschließlich Sachgüter gehandelt werden, sind relativ gut überschaubar. Schwieriger wird es, wenn wir jene Phänomene in unsere Betrachtung einbeziehen, die keinen genuin gegenständlichen Charakter haben (s. o.). Auch das *Kreditieren* offenbart solch Phänomene. Genau wie das Bewerten und das Quantifizieren ist das Kreditieren eine Geistesleistung. Wann tritt sie auf?

Dass ein Tausch Schuldverhältnisse beinhaltet (s. Abschn. 1.1), ist den Tauschpartnern oft nicht bewusst. Muss es auch nicht, weil sie oft sofort beendet werden. Die gegenseitigen Schulden sind bei zügigem Gütertausch komplett abgegolten. Aber nicht immer vollzieht sich ein Gütertausch zügig. Es gibt am Markt Vorkommnisse, bei denen die Bilateralität des Tausches aufgebrochen zu sein scheint. Ein Tauschpartner liefert, sein Gegenüber liefert nicht oder nur unvollständig oder erst später. Der Tausch bleibt als bilateraler Sachgütertausch unvollendet. Die weitaus meisten Handelsgeschäfte sind von dieser Art. Sie sind es z. B. überall dort, wo Rechnungen gestellt werden. Nun hat die Menschheit schon früh einen Weg gefunden, auch in solchen Fällen Handel treiben zu können. Einen solchen Handel wollen wir uns genauer anschauen.

Eigentlich müsste bei einer nur einseitig erfolgten Sachgutlieferung, die nicht als Geschenk beabsichtigt war, der Tausch rückgängig gemacht werden. In einigen Fällen geschieht das auch. Aber wenn eine Rückabwicklung *immer* erfolgte, bedeutete das eine enorme Verkehrsbeschränkung für den Markt. So bemüht man sich, auch bei einseitigen Sachgutlieferungen einen bilateralen Tausch zustande zu bringen. Das geschieht mit Hilfe des *Kredits*. Der Belieferte erhält für den Zeitraum bis zu seiner Gegenlieferung von seinem Lieferanten Kredit. Das Wort „Kredit" wird hier in seinem ursprünglichen, *prämonetären* Sinne verwendet. Da bedeutet es: Akzeptanz eines Gegenlieferaufschubs. Die aufgrund dieser Akzeptanz erfolgende *spätere* (physische) Lieferung ist eine Folge der (nicht physischen) Geistesleistung „Kreditieren".

Der aus einem unvollendeten Sachgütertausch lieferschuldig gebliebene Tauschpartner gibt vor der Kreditierung ein *Versprechen* ab. Er verspricht, zu liefern und seine Schuld damit irgendwann zu tilgen. Sein Versprechen ist ein *Schuldentilgungsversprechen*. Ein Tausch kann offenbar nicht nur dadurch abgeschlossen werden, dass ein Sachgut mittels eines anderen Sachguts direkt und in einem Zuge vergolten wird (z. B. eine Wagenladung Kartoffeln mit ein paar Stückchen Gold oder Silber), sondern auch dadurch, dass die Vergeltung einer Lieferung nur versprochen und in die Zukunft verlegt wird.

Ein Schuldentilgungsversprechen ist einerseits das Versprechen des Ausgleichs einer Schuld, damit zugleich aber auch das Versprechen der Lieferung eines Gutes. Schon bei der Mutation eines Gutes zum Tauschobjekt, also zu einem Ding für den Markt, beobachten wir diese Doppelnatur: Schuld und Gut zugleich zu sein (s. Abschn. 1.1). Ein Tilgungsversprechen – in seiner Rolle als Quasitauschgut – bildet hier keine Ausnahme. Es bezieht sich nicht auf zwei Sachverhalte, sondern nur auf einen, aber einen mit zwei Seiten. Denn Schuldausgleich und Gutübertragung sind die beiden Komponenten ein und desselben Tilgungsvorgangs.

Beim direkten Sachgütertausch bewirkt die sofortige Übergabe beider Güter das sofortige Erlöschen der Schulden der Tauschpartner. Die bemerken oft gar nicht, dass sie gegenseitig Schuldner sind. Anders liegen die Dinge, wenn eines der beiden Schuldverhältnisse nicht sogleich, sondern erst später beendet wird, wenn also die beiden Teilakte des Tausches zeitlich auseinanderfallen. Hier wird den Tauschpartnern sehr wohl bewusst, dass es um gegenseitige Schuldverhältnisse geht. Eines der beiden Schuldverhältnisse ist erloschen, weil geliefert wurde. Das zweite besteht fort. Der Schuldausgleich fehlt.

Das Weiterbestehen des einen Schuldverhältnisses lässt den Tausch als Tausch zunächst einmal unvollendet. Während bei einem vollständig abgeschlossenen Sachgütertausch Symmetrie der Gut- und Schuldverteilung vorwaltet – Gut und Schuld werden unmittelbar gegeneinander aufgerechnet – entsteht hier eine Asymmetrie. Nur einer der beiden Tauschpartner hat geliefert. Die Gegenlieferung fehlt. Aber der Tausch kann unter Beigabe eines dinglich nicht vorhandenen Anteils (Versprechen) beendet werden, wenn auch nur provisorisch.

Bei einem Tausch, in den ein Tilgungsversprechen einfließt, gibt einer der beiden Tauschpartner etwas real nicht Bestehendes ab. Er *zahlt* gewissermaßen mit seinem Versprechen. Bei einem unvollendet gebliebenen Sachgütertausch übernimmt das Tilgungsversprechen quasi die Rolle eines Zahlungsmittels. Hier fungiert ein bloßes Zeichengebilde (das mündlich abgegebene Versprechen) als Vergütung. Damit kommt ein nur symbolisch vergegenständlichtes Tauschgut auf den Markt. Das Tilgungsversprechen ist ein Zahlungsmittel in symbolisch materialisierter Form. Als bloßes Versprechen ist es jedoch nur so etwas wie eine *Quasi-Zahlung*.

Wo ein Tilgungsversprechen in den Tausch einfließt, könnte der Eindruck entstehen, es läge gar kein „richtiger" Tausch vor. Oberflächlich betrachtet sieht es so aus, als handele es sich um eine Schenkung. Dass dies nicht so ist, zeigt die Abb. 2.1.

Das Versprechen signalisiert die Absicht, ein bedarfsgerechtes reales Gut im Tausch gegen jenes Gut, welches sofort zur Nutzung bereitsteht, später zu liefern.

Dem Tilgungsversprechen korrespondiert ein Schuldeingeständnis: A hat von B etwas bekommen, das ihm nicht geschenkt wurde. Nun ist er dem B etwas schuldig. Nur noch A, als einer der beiden Tauschpartner, trägt eine Schuld. Und nur B erfreut sich eines Guthabens. Der Emittent des Versprechens (A) versichert seinem Tauschpartner (B), zu einem späteren Zeitpunkt X am Ort Y das Tauschgut Z als Gegenlieferung herbeizuschaffen.

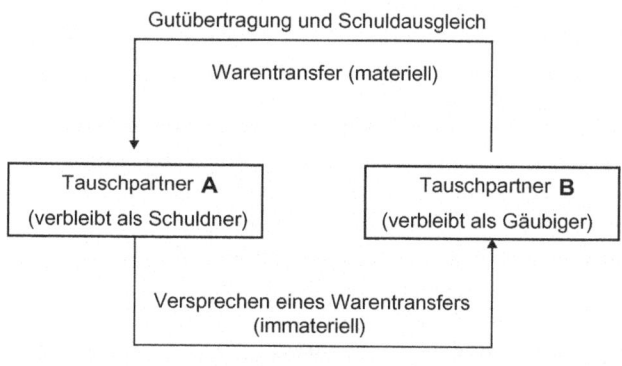

Abb. 2.1 Tausch mit immateriellem Anteil

An die Stelle des beim bilateralen Sachgütertausch unmittelbar erfolgenden Schuldabgleichs durch die Übertragung einer Naturalie tritt nun das Versprechen, dies irgendwann einmal zu tun. Ein Versprechen bezieht sich immer auf etwas, das erst noch getan werden muss. Darin dokumentiert sich eine *temporale Komponente* – in Form eines Zukunftsbezugs.

Tauschgeschäfte kommen oft dadurch zustande, dass ein Tauschpartner für die Gegenlieferung seiner Lieferung eine Zeitverzögerung akzeptiert. Er *stundet* die Gegenlieferung. In dem Wort „Stundung" kommt die temporale Komponente beim asymmetrischen Sachgütertausch klar zum Ausdruck. Die Stundung ist für das Zustandekommen eines Tausches der beschriebenen Art genauso konstitutiv wie die Abgabe des Tilgungsversprechens.

Bemerkenswert beim Ersatz eines naturalen Tauschobjekts durch ein Versprechen ist, dass die dem Tausch eigene Symmetrie nur vorgestellt, nicht aber wirklich vollzogen wird. Als Sachgütertausch ist der mit Hilfe des Versprechens erfolgte Tausch unvollendet geblieben. Es verbleibt eine Asymmetrie bei der Güterverteilung. Die Vollendung wird durch eine Zwischenzeit und einen Zwischenraum getrennt gedacht. Durch die Zeit- und Raumkomponente, wobei letztere oft vernachlässigt wird und auch vernachlässigt werden darf, ist die doppelte Transaktion des Sachgütertausches aufgebrochen. Dennoch wird der Tausch durch die Hinzunahme eines bloßen Versprechens als vollendet *betrachtet*. Eine Bilateralität wird *fiktiv angenommen*.

Mit der Abgabe des Versprechens ist die doppelte Transaktion zwar nicht vollständig erfolgt. Mit ihm kann aber der ansonsten unvollendet bleibende Tausch provisorisch beendet werden. Nicht also mit einer materiellen Leistung – als Gegenleistung für bereits Geleistetes – wird hier gehandelt, sondern nur mit einer Bekundung, also mit einem immateriellen Akt.

Ein Sachgutlieferant wird nur dann Kredit geben, wenn er an die Einlösung des Tilgungsversprechens glaubt. Auf die Einlösung solcher Versprechen vertrauende Menschen nennt man deshalb *Gläubiger.* Ihnen stehen die *Schuldner* gegenüber, nämlich jene, die die Versprechen abgeben und deren Güterlieferung noch aussteht. „Das Kreditgeschäft ist ein Tausch gegenwärtiger gegen künftige Güter" (Ludwig von Mises, 2005; s. auch Jürgen von Hagen und Johann Heinrich von Stein, 2000).

Den Tauschpartnern wird oft erst beim asymmetrischen Tausch bewusst, dass sie, und zwar bei jedem (!) Tausch, zwei Rollen spielen: die des Schuldners und die des Gläubigers. Beim asymmetrischen Tausch sind die Rollen *einseitig* und eindeutig wahrnehmbar: ein Tauschpartner liefert sofort, der andere erst später. Dadurch wird der eine zum *alleinigen* Gläubiger, der andere zum *alleinigen* Schuldner. Es wird auch jetzt erst ausdrücklich registriert, dass der Tausch, und zwar *jeder* Tausch, ein Schuldverhältnis beinhaltet und dieses beenden soll.

Die Tauschpartner haben sich bei der Kreditvergabe auf eine „provisorische Bereinigung" (Schumpeter, 2008) des materiell unvollendet gebliebenen Tauschgeschäfts geeinigt. Damit der Tausch *jetzt* schon abgeschlossen werden kann, bedarf es des Kredits. Durch den Kredit ist der Sachgütertausch zwar noch nicht *eigentlich* beendet, wird aber einstweilen als beendet betrachtet.

Solange der Gläubiger keine Gegenlieferung erhält, ist er der *Akzeptant* eines Zahlungsaufschubs. Ihm steht der *Promittent* gegenüber, der das Tilgungsversprechen abgibt. Promittent und Akzeptant zusammen bilden ein Schuldverhältnis, also einen offen gebliebenen Sachgütertausch. In Bezugnahme auf diese beiden Rollen des Kreditverhältnisses spricht man auch vom *Kreditor,* dem der *Debitor* gegenübersteht.

Ein Kreditor nimmt das Tilgungsversprechen als vorgeschobenes provisorisches Tauschgut nicht ohne Weiteres an. Er tut dies erst, wenn er sicher ist, dass der Debitor irgendwann liefern (zahlen) *kann* und liefern (zahlen) *will.* – Natürlich kann man auch auf der Basis bloßen Vertrauens ein Tilgungsversprechen als Tauschgut akzeptieren. Wir Menschen haben jedoch nicht immer den direkten Draht zur Wahrheit. Weil das so ist, birgt ein noch so glaubhaft vorgetragenes Versprechen ein gewisses Risiko. Das Risiko besteht einmal darin, dass es dem, der die Einlösung des Versprechens schuldet, an Können fehlt (physischer Aspekt des Risikos), zum anderen darin, dass es ihm an Wollen fehlt (meta-physischer Aspekt des Risikos). Dazu kommt noch der Umstand, dass der Schuldner das Schuldverhältnis nicht überlebt.

Ein erfahrener Kreditor kennt sich in diesen Dingen aus. Er muss bei seinem Schuldner nicht immer Unmoral unterstellen, um dessen Versprechen zu misstrauen. Denn dass jemand „gut ist" für die Einhaltung seiner Versprechen, hat eben diese beiden Seiten: das Wollen und das Können. Und das Nicht-Können verhindert die Erfüllung eines Versprechens genau so wirksam wie das Nicht-Wollen.

Vertrauen ist gut, Kontrolle ist besser. Als erstes wird der Kreditor das Können prüfen. Das ist das Vermögen des Promittenten, bedarfsgerechte Güter zu liefern. Sein Lieferpotenzial ist zugleich sein Schuldentilgungspotenzial. Das Tilgungspotenzial ist die *Substanz* – oder wie wir auch sagen – die **Deckung** des Tilgungsversprechens. Vertrauen in eine gestundete Lieferung hat ein Kreditor erst, wenn er die Substanz des Versprechens kennt, also das Liefer-/Leistungs-/Tilgungspotenzial des Debitors. Dann wird er ein Tilgungsversprechen als Zahlungsmittel anerkennen können, wenn auch nur als *provisorisches.*

Die Deckung des Tilgungsversprechens besteht letztlich darin, ein vorhandenes Sachgut (z. B. Gold oder eine Aktie) oder ein erst zu erschaffendes (z. B. ein Haushaltsgerät) zu besorgen und damit „bezahlen" zu können. Sie garantiert nichts anderes als *irgendwann* einmal ein Tauschgut zu liefern. Das erlaubt auch, ein solches erst herzustellen. Die Lieferung geschieht *in vielen Fällen* auf dem Weg über die Produktion.

Der Emittent eines Tilgungsversprechens muss also *„gut sein"* für seine Tilgungsleistung. Diese Eigenschaft heißt im Marktjargon **Bonität.** Man spricht auch von *Kreditwürdigkeit.* Die Bonität zeigt etwas an, das nur der Möglichkeit nach vorhanden ist. Was nur der Möglichkeit nach vorhanden ist, nennen wir *virtuell.* Die Bonität eines Wirtschaftssubjekts ist ein virtuelles Etwas. Dennoch ist sie ein Etwas – und jedenfalls nicht Nichts. Die Bonität ist jene Eigenschaft, die dazu befähigt, über den Eigenbedarf (inklusive Investitionsbedarf) hinaus so viele marktgängige Ressourcen bereitzustellen, sodass eine Tilgung geleistet werden kann.

Die Bonität ist das *Faustpfand* des Kreditgebers für die Einlösung des vom Kreditnehmer abgegebenen Versprechens. Erst aufgrund dieses Pfands kann das Versprechen zum echten Tauschobjekt werden. Zu diesem Faustpfand gehört nicht nur das Vermögen des Promittenten, bereits vorhandene Güter für die Tilgung zu benutzen, sondern auch dessen Arbeits- und Innovationspotenzial. Das befähigt dazu, die für die Tilgung erforderlichen Güter während der Kreditphase zu produzieren.

Wie kommen die Kreditoren dazu, Bonität zu unterstellen? Sie ermitteln sie durch eine *Bonitätsprüfung.* Der Gegenstand der Prüfung ist nicht die Qualität eines bestimmten Sachguts, sondern die Qualität des *Lieferanten* des Sachguts. Das erfordert ein genaues Dossier über dessen Person und sein Eigentum. Hierin wird vermerkt, ob ein Schuldner in der Lage ist, dies oder jenes zu tun, zu fertigen, zu liefern usf. Es wird auch vermerkt, was er in der Vergangenheit schon geleistet hat. Denn „Erfolg in der Vergangenheit ist ein Bonus für die Zukunft" (Sofsky, 2019).

Die Bonität verweist auf die Existenz eines ausreichend vorhandenen Lieferpotenzials (gehortete Güter, Arbeitskraft, Erfindungsgeist, Rechte usw.). Das Lieferpotenzial eines Schuldners stellt dessen Tilgungspotenzial dar, oder wie man auch sagt: sein „Vermögen". Das ökonomische Vermögen ist die Summe aller gehorteten Güter und aller Potenziale zur Erzeugung von Gütern, z. B. eine gute Berufsbildung.

Ein Schuldentilgungs*versprechen* kann nicht anders gedeckt sein als durch ein Schuldentilgungs*vermögen.* Entweder handelt es sich um das Vermögen, ein bedarfsgerechtes Gut tauschen zu können, welches man schon hat (sodass es evtl. als Schuldnerpfand beim Kreditor einbehalten werden kann). Oder es handelt sich um das Vermögen, ein bedarfsgerechtes Gut erst herzustellen. Beides begründet die Bonität des Schuldners. Auf beides bezieht sich die Bonitätsprüfung. Die Faktizität solcher Prüfungen beweist, dass ein Kreditgeschäft alles andere ist als eine „Gefälligkeit", wie manche Ökonomen glauben (z. B. Mankiw und Taylor, 2021).

Die Tauschvorgänge, die ein Tilgungsversprechen beinhalten, reißen eine Lücke am Markt auf. Die versprochenen Güter sind noch nicht da. Sie müssen oft erst erzeugt werden. Der Aufschub der Zahlung bei einem Tausch ermöglicht, dass dies geschieht. Die Lieferung/Schuldentilgung (als *Gegen*lieferung!) erfolgt nach der Erzeugung bzw. nach dem Verkauf des erzeugten Gutes. Die Güterproduktion schließt die Lücke, die durch das Tilgungsversprechen beim Tausch aufgerissen worden war. Die Lücke ist eine *Güterbeschaffungslücke*. Wird das zu beschaffende Gut erst erzeugt, dann handelt es sich um eine *Güterschöpfungslücke*.

2.4 Der Handel mit Schuldentilgungsversprechen

Die Abb. 2.1 lässt erahnen: Mit Tilgungsversprechen kann man Handel treiben. Das geht aber nur dann, wenn sie als Tauschgüter vergegenständlicht sind. Eine solche Vergegenständlichung wollen wir jetzt Schritt für Schritt entwickeln.

Tauschvorgänge, bei denen ausschließlich Sachgüter gehandelt werden, sind relativ gut überschaubar. Das ist auch dort der Fall, wo z. B. einzelne Stücke von Edelmetall – wegen bestimmter Aufprägungen „Münzen" genannt – als Sachgüter in den Handel einfließen. Schwieriger wird es, wenn wir jene Phänomene in unsere Betrachtung einbeziehen, die keinen genuin gegenständlichen Charakter haben. Solche Phänomene beobachten wir beim Kreditieren. Hat der Tausch an sich schon eine diffizile Wesensstruktur, so ist das Kreditieren – als eigenständiger Vorgang bei vielen Tauschakten – in sich selbst noch einmal komplex.

Bei einem asymmetrischen Tausch wird die Tilgung einer Schuld nur versprochen. Damit sich ein solcher als *symmetrischer* Tausch vollenden kann, muss das Versprechen zu einem echten, d. h. zu einem *dinglich greifbaren Zahlungsmittel* werden. Denn vorher schließt es einen Tausch nur provisorisch ab.

Die Zahlungsmittelwerdung eines Tilgungsversprechens erfolgt unter bestimmten Voraussetzungen. Der Emittent des Versprechens muss erstens tilgen *können*. Und er muss zweitens tilgen *wollen*. Das Können ermittelt die Bonitätsprüfung (s. Abschn. 2.3). Wie aber prüft ein Sachgutlieferant, ob sein Geschäftspartner die Gegenlieferung erbringen *will*? Ein Versprechen ist doch nur eine verbale Kundgabe, eine Äußerung bloßer Worte.

Jedes Versprechen, auch ein Schuldentilgungsversprechen, ist zunächst zweifellos ein mündliches. Und es darf ein mündliches bleiben, ohne dass seine Verbindlichkeit dadurch Schaden erleidet. Es kommt häufig vor, dass Tilgungen aufgrund einer nur mündlich erklärten Absicht erfolgen. In manchen Kulturen Afrikas behalten mündliche Tilgungsversprechen über Generationen hinweg ihre Gültigkeit, bis sie irgendwann eingelöst werden.

Der Lieferant eines Sachguts (Kreditor) kann den Worten des von ihm Belieferten (Debitor) glauben oder auch nicht. Im zweiten Fall prüft er nicht nur die Bonität des Promittenten, sondern verlangt auch die schriftliche Abfassung des Versprechens. Wir setzen voraus, dass der Belieferte kein Problem damit hat. Er stellt eine von ihm unterschriebene *Bescheinigung* aus. Die Bescheinigung ist der schriftliche Nachweis des Versprechens in Form eines Dokuments.

Man kann im Erstellen eines gegenständlich vorhandenen Dokuments den Beweis sehen, dass der Emittent des Versprechens Wort halten will. Denn er wird es nur ausstellen, wenn er ernsthaft daran denkt, sich zu entschulden. Mit der schriftlichen Hinterlegung seiner Absicht unterwirft er sich indirekt dem „Leviathan" der Gesellschaft. Das heißt, er ermöglicht dem Kreditor, das Gewaltpotenzial einer Exekutive abzurufen, falls er sein Versprechen nicht einhält.

Es gibt eigentlich nur einen Grund, ein Versprechen zu bescheinigen. Das ist die Beweiskraft schriftlicher Dokumente. Es ist nämlich erstens die Leistungsfähigkeit unseres Gedächtnisses beschränkt. Nach vielleicht nicht einmal langer Zeit werden sich Gläubiger und Schuldner oder deren Erben fragen: Wie war noch mal der genaue Wortlaut des Versprechens? – Und zweitens ist das Nichtwollen oft stärker als das Wollen. Gegen beides kann ein Dokument von großem Nutzen sein.

Ein Sachgutlieferant verlangt also aus gutem Grund, dass ihm sein Tauschpartner sein vorerst nur mündlich abgegebenes Versprechen schriftlich bestätigt. Das Versprechen soll auf diese Weise zu einem Ding werden. Es soll wie ein eigenständiges Ding in der Welt der Dinge erscheinen. Es soll als Gegenstand weitergereicht bzw. übertragen werden können. Nun ist bereits jeder Sprachgebrauch eine – zwar nur symbolische – Form der Vergegenständlichung. Diese Form reicht dem Sachgutlieferanten aber nicht. Er will etwas Beständiges. Bestand erhält eine symbolische Vergegenständlichung erst als Schriftstück, heute immer öfter in Form eines Datensatzes in einer EDV-Anlage. Erst als Schriftstück wird ein Versprechen zu einem handelbaren Objekt. Mit anderem als mit Objekten kann man nicht handeln. (Übrigens kann auch ein Vertrag – als Schriftstück über ein *gegenseitiges* Versprechen – zum handelbaren Objekt werden.)

Ein schriftlich fixiertes Tilgungsversprechen ist für den einen Tauschpartner (Kreditor) eine Berechtigung auf Leistungsempfang, stellt also einen *Gutschein* dar. Für den anderen (Debitor) ist er eine Leistungspflicht, stellt also einen *Schuldschein* dar. Ein in den Handel gebrachtes Tilgungsversprechen hat – wie jedes sonstige Tauschobjekt auch – stets diese Eigenart: Gut und Schuld in einem zu sein. Die Bescheinigung eines Tilgungsversprechens ist insofern ein *Gut-Schuld-Schein*. Das unterscheidet sie von anderen Bescheinigungen, z. B. von einem Schulzeugnis oder einer Arbeitserlaubnis. Der Einfachheit halber spreche ich bei einem Gut-Schuld-Schein künftig immer nur von einem Gutschein. Andere nennen ihn mit gleichem Recht Schuldschein. Dennoch hat er zwei Seiten: Bestätigung einer vorhandenen Schuld und Anspruch auf ein entsprechendes Gut.

Weil ein mündliches Versprechen nicht in gewöhnlichem Sinne zu einer Sache werden kann, sondern nur als Symbol, handelt es sich beim Gutschein um einen symbolischen Gegenstand. Das Versprechen *als solches* wird durch die symbolische Materialisierung zwar nicht zu einer Sache im üblichen Sinne. Denn eine symbolische Materialisierung unterscheidet sich wesentlich von einer dinglichen (z. B. der Herstellung eines Brotes oder einer Maschine). Aber in Gestalt eines Gutscheins kann es wie eine Sache behandelt werden – auch wenn der nur digital existiert. Aufgrund seiner (zwar nur symbolischen) Materialgestalt kann der Gutschein am Tausch teilnehmen. Dies aber nur, wenn er durch das Leistungspotenzial seines Emittenten gedeckt ist. So lässt sich sagen:

> „Ein Gutschein ist ein Zahlungsmittel in Form eines symbolisch materialisierten Tilgungsversprechens, das gedeckt ist durch das Tilgungspotential seines Emittenten."

Beim Tauschpartner des Gutscheinemittenten steht vor dem Tausch „Gutschein gegen Sachgut" eine Entscheidung noch aus: nehme ich den Gutschein anstelle meines Sachguts an oder nicht? Nimmt er ihn an, dann akzeptiert er, dass er nur ein Stück beschriebenes Papier oder ein elektronisches Datum anstelle eines realen Gebrauchsguts erhält.

Wir setzen voraus, dass ein Liefer-/Tilgungsversprechen in schriftlicher Form vorliegt. Damit ist dokumentiert, dass der Emittent des Versprechens eines Tages liefern *will*. Außerdem findet der Kreditor aufgrund seiner Bonitätsprüfung heraus: das Leistungspotenzial zur Begleichung der Schuld ist vorhanden. Damit ist auch das *Können* erwiesen. Beide Voraussetzungen für die Akzeptanz des Tilgungsversprechens als Tauschobjekt sind erfüllt.

Erst wenn das Tilgungsversprechen, das dem Gutschein zugrunde liegt, gedeckt ist, kann man es wie ein substanzhaltiges Tauschgut behandeln. Als solches gelangt es in die Hände des Kreditors. Das Leistungspotenzial (die Bonität/die Deckung) wird zwar zunächst nicht aktiviert. Mit dem Gutschein wird nur die Bescheinigung über eine *beabsichtigte* Aktivierung geliefert. Aber dennoch wäre damit der Tausch einstweilen vollendbar.

Hat sich das Leistungspotenzial, das hinter einem Gutschein steckt, eines Tages realisiert, ist also die Tilgung der Schuld erfolgt, dann muss der Gutschein *vernichtet* werden – als Zettel zerrissen, oder als Bucheintrag oder elektronisches Datum gelöscht. Erst nach solcher Vernichtung ist der Tausch vollständig abgeschlossen.

Aufgrund der Abgabe eines Tilgungs*versprechens* wird der Gutschein geschöpft. Und aufgrund der Realisierung eines Tilgungs*vermögens* wird der Gutschein vernichtet. Zwischen Schöpfung und Vernichtung hat er die Funktion eines
Lückenfüllers, der eine noch nicht erfolgte Sachgutlieferung ersetzt. Mit dem Erlöschen dieser Funktion (nach Einlösung des auf ihm notierten Versprechens) erlischt sein Existenzrecht. Aufgrund der ständig sich vollziehenden Vernichtung von
Gutscheinen bleibt ihre Anzahl knapp. Das hat zur Folge, dass das stets knappe
Leistungspotenzial einer Gesellschaft durch ein Zuviel an Gutscheinen in seinem
Umfang nicht überdehnt wird (s. hierzu vor allem die Abschn. 2.6 ff.).

Ein Gutschein in der bisher erörterten Form hat vom Handelsgesichtspunkt ein
großes Manko: Er ist nur von *einem* Tauschpartner als Zahlungsmittel akzeptiert.
Das muss nicht so bleiben. Der oben erwähnte Sachgutlieferant findet vielleicht
einen anderen Tauschpartner, der den in seine Hand gelangten Gutschein *seiner-
seits* als Tauschgut/Zahlungsmittel akzeptiert. Dieser Vorgang kann sich mehrfach
wiederholen. Der Gutschein geht von Hand zu Hand. Er wechselt von Akzeptant zu
Akzeptant. Auf diese Weise wird er zum *Handelswechsel* (kurz: „Wechsel"):

Jeder Wechselgläubiger (G) wird durch Weiterreichen des Wechsels zum Wechselschuldner (S), der „Indossatar" zum „Indossanten". Nur der erste Wechselschuldner ist kein Gläubiger. Nur der letzte Wechselgläubiger ist kein Schuldner.
Die anderen Wechselnutzer sind Schuldner und Gläubiger zugleich.

Der letzte Wechselgläubiger (in der Abb. 2.2 rechts) kann den Wechsel „einlösen", d. h. eine Begleichung der Wechselschuld verlangen und sich sein Guthaben
auszahlen lassen. Die Auszahlung schuldet ihm jeder, der den Wechsel als Zahlungsmittel genutzt und unterschrieben hat. Das dabei verwendete Auszahlungs-
mittel kann im Prinzip jedes Sachgut sein, ist aber meistens Geld. Jedenfalls richtet
sich der Leistungsanspruch jetzt nicht mehr auf einen Einzelnen, sondern auf alle
Wechselschuldner.

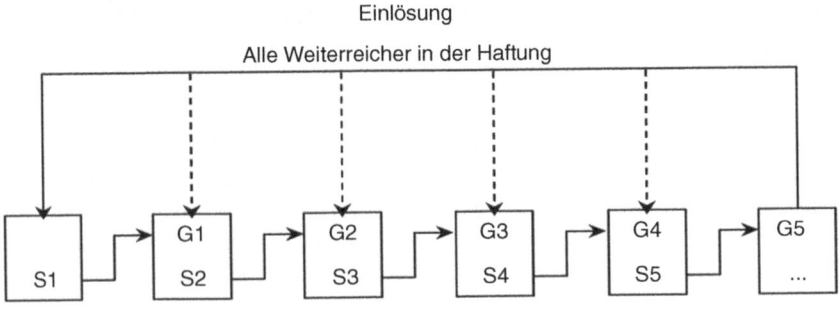

Abb. 2.2 Gläubiger (G) und Schuldner (S) im Wechselverkehr

Je öfter ein Wechsel in andere Hände gelangt, desto substanzhaltiger wird er. Seine Deckungsqualität wächst. Der Vorteil für jeden späteren Wechselakzeptanten ist: hinter dem Wechsel stehen die Leistungspotenziale (Bonitäten) aller bisherigen Wechselnutzer – dokumentiert durch die Unterschrift eines jeden auf dem anfänglich nur von einer Einzelperson (dem Emittenten) ausgestellten Gutschein. Wegen ihres dadurch entstandenen hohen Deckungsgrads erfreuen sich Wechsel großer Beliebtheit am Markt.

*****

Ein Gutschein oder ein Wechsel muss keine Wertmaße (Abschn. 2.1) und keine Zahlen (Abschn. 2.2) enthalten. Die dort verzeichnete Sache kann auch ohne diese zum Gegenstand eines Tauschgeschäfts werden – wenn sie nur hinreichend genau definiert ist. Die Emittenten von Gutscheinen, die Debitoren, stehen lediglich dafür, die Sache in definierter Weise zu liefern. Ein Gutschein kann aber auch – und so ist es in der Regel – beziffert und bewertet sein. Als solcher ist er ein sogenanntes „Wertpapier". Weil der bezifferte Wert eines Gutscheins nicht immer auf Papier aber immer schriftlich dokumentiert ist, benutzen wir besser den Ausdruck *Wertschrift*.

Bei den meisten Bonitätsprüfungen geht es nicht nur um die Frage, ob einem Tilgungsversprechen überhaupt ein Tilgungsvermögen zugrunde liegt. Diese Frage ist vielfach schon durch bloßen Augenschein zu beantworten. Im Zentrum der Bonitätsprüfung steht die Ermittlung des *numerischen Wertes* solcher Vermögen, also die Ermittlung der Substanz der Tilgungsversprechen in Zahlen. Den Gläubiger, z. B. den Kreditor einer Sachgutlieferung, interessiert vor allem, wie ein Tilgungsvermögen, welches das Tilgungsversprechen decken soll, wertquantenmäßig einzuschätzen ist. Denn der Wert eines Tilgungsversprechens muss abhängig gemacht werden vom Wert des zu seiner Deckung heranzuziehenden Tilgungsvermögens.

Der Wert des Tilgungsvermögens stammt aus dem Bewertungsakt dessen, der die Erfüllung des Tilgungsversprechens erwartet, d. h. aus dem Urteil des Kreditors bzw. Gläubigers. Der orientiert sich an den intersubjektiven Bewertungen des Marktes. Und der Markt benutzt bestimmte Maße dafür: Dollar, Euro, Yen usw.

Ein Maß, z. B. auch die Maße Meter und Gramm, wird immer dann zu einer *Maßeinheit*, wenn man es mit Zahlen verbindet. So auch in der Ökonomie. Hier verbindet man Zahlen mit *Wert*maßen, z. B. 10 Dollar, 5 €, 200 Yen. Aus Wertmaßen können wir mit Hilfe der Zahlen *Wertmaß*einheiten bilden. Wertmaßeinheiten werden den Gütern stets in bestimmter *Menge* zugeordnet. Die Geistesleistungen Evaluation und Quantifikation erscheinen hier vereint – als *numerisches Bewerten*.

Die Bewertung von Gütern ist seit langem numerisch, also ein Bewerten mittels Zahlen. Was man mit Zahlen verbinden kann, ist zählbar, d. h. auf der Zahlenreihe abbildbar. Was sich auf der Zahlenreihe abbilden lässt, kann man verrechnen. Daraus erwächst in der ökonomischen Praxis die „Wertherechnung" – „Sie ist das Zählen des Werthes." (Wieser, Nachdruck 2016).

So wie die physischen Maße zum Verrechnen physischer Größen dienen, so dienen die Einheiten unserer geistigen Bewertungsleistung – als Zähleinheiten von Werten – ebenfalls dem Verrechnen. Jede Wirtschaftsrechnung („Kalkulation") braucht einen gemeinsamen Nenner. Dieser Nenner ist die Wertmaßeinheit.

Wertmaßeinheiten werden den Gütern stets in bestimmter Menge zugeordnet. Das hat dazu verführt, das Bewerten als ein rein quantitatives Phänomen aufzufassen. Demgegenüber kann nicht oft genug betont werden: das ökonomische Bewerten ist zuallererst die Evaluation des Nutzens. Und das ist ein *qualitativer* Vorgang (s. auch Abschn. 2.5.2.2).

Die oben formulierte Aussage über die Wesensgestalt eines Gutscheins lässt sich jetzt erweitern – auf die Definition der Wertschrift: *Eine Wertschrift ist ein numerisch bewerteter Gutschein.* Setzt man in diesen Satz den Wortlaut der obigen Gutschein-Definition ein, dann ergibt sich:

> „Eine Wertschrift ist ein Zahlungsmittel in Form eines symbolisch materialisierten, numerisch bewerteten Tilgungsversprechens, das gedeckt ist durch das Tilgungspotential seines Emittenten."

Ist ein Gutschein eine Wertschrift, dann schuldet der Emittent nicht nur ein Gut schlechthin, sondern ein Gut mit einem ausgewiesenen Zahlenwert. Der Schuldner A (Debitor) verspricht seinem Gläubiger B (Kreditor), zu einem späteren Zeitpunkt X am Ort Y das Tauschgut Z im Wert von CD als Gegenlieferung herbeizuschaffen. C bezeichnet eine Zahl (1, 10, 250) und D bezeichnet das Wertmaß (Dollar, Euro, Yen). Erst durch das Hinzufügen von Zahl und Wertmaß wird die Bescheinigung des Tilgungsversprechens (als numerisch bewerteter Gutschein bzw. als Handelswechsel) für einen größeren Kreis von Handelspartnern zu einem brauchbaren Tauschobjekt.

Die Definition, die wir für Wertschriften gefunden haben, passt nicht nur auf die bisher erörterten, sondern auf *alle* im Handel befindlichen Gut- und Schuldtitel. Sie passt z. B. auf die Wertschriften der Handelsringe (Trade Nets) und auf viele Wertschriftenderivate („Zertifikate", „Substitute", „Surrogate").

Viele Wertschriften reißen am Markt eine Lücke auf. Die Güter, welche die Lücke schließen sollen, existieren noch nicht. Sie müssen erst erzeugt werden. Die Wertschriften bewirken also eine Güter*schöpfungs*lücke. Da die Güter in der Regel einen Wert haben, spricht man auch von einer *Wertschöpfungslücke*. Der Druck der

Beschaffung der geschuldeten Güter, letztlich also der Druck der Kreditoren auf die Debitoren, ist der Motor, der sowohl das Individualprodukt als auch das Sozialprodukt einer Wirtschaftsgemeinschaft steigert. Tauschhandlungen, in die Lieferversprechen eingehen und die aufgrund dessen kreditiert werden, erhöhen das individuelle und soziale Wohlergehen. Je mehr bonide Schuldner eine Gesellschaft hat, desto mehr wächst ihr Wohlstand, je weniger, desto mehr schrumpft er.

Wertschriften fungieren in manchen Handelskreisen wie Geld. Inzwischen haben *gute* Wertschriften, z. B. Anteilscheine hochbonider Unternehmen, aufgrund ihrer großen intersubjektiven Akzeptanz als Zahlungsmittel unverkennbar Geldcharakter. Sogar einige Wertschriften-Derivate (z. B. Floater) zeichnen sich durch dieses Merkmal aus. Manche Wertschriftendepots sind so marktoffen wie Bargeldkassen. Ihre Inhaber sind so liquide wie die Inhaber von Girokonten. Sie können jederzeit abheben, Überweisungen tätigen, Schecks ausstellen usw. (Brestel 1986). Die Wertschriften solider Emittenten haben schon fast alle Eigenschaften jener Finanzgebilde, die wir „Geld" nennen.

2.5   Das Geld als Basis der Finanzwirtschaft

Bei der nun anstehenden weiteren Analyse der Tauschvorgänge geht es darum, einen Übergang zu finden zu Handlungen, die wir *Kaufen* bzw. *Verkaufen* nennen. Kaufen und Verkaufen sehen wir – im Unterschied zum asymmetrischen Tausch – als vollständige, also symmetrische Tauschakte an, obwohl hier nur ein einseitiger Wechsel von Sachgut stattfindet.

Wir hatten in Abschn. 2.4 gesehen: auch Tilgungsversprechen, sofern sie symbolisch vergegenständlicht und numerisch bewertet sind, können zwischen zwei Individuen oder in einem kleinen Kreis von Individuen (z. B. in Form von Gutscheinen, Wechseln oder Wertschriften) als Zahlungsmittel kursieren. Vernünftig in Gang gebracht werden kann der Handel mit ihnen aber erst, wenn sie von vielen oder gar allen Teilnehmern eines Handelskreises als Tauschobjekte akzeptiert sind. Erst dann sind sie das, was wir ausdrücklich und im engeren Sinne „Geld" nennen.

Auch Edelmetallmünzen nennt man Geld. Aber mit ihrem Aufkommen in der Menschheitsgeschichte endete der ursprüngliche Tausch Sachgut gegen Sachgut nicht. Sie selbst waren ja Sachgüter, wenn auch mit aufgeprägtem numerischem Wert. Eigentlich hörte der direkte Sachgütertausch (die Edelmetallmünzen als Sachgüter eingeschlossen) erst auf, als mit Tilgungsversprechen gehandelt wurde, als also z. B. Gutscheine und Wertschriften auf den Markt kamen. Auf dem Fundament solcher handelbaren Tilgungsversprechen errichten wir unsere heutige Finanzwirtschaft. Eine *reine* Finanzwirtschaft konnte erst entstehen, als sich ein Tauschgut einbürgerte, das einer puren Geisteshandlung entsprang, dem Versprechen als meta-physischer Aktion. Die heutige Finanzwirtschaft basiert *ausschließ-lich* auf Versprechen. Sofern noch Münzen auf den Markt kommen, dann nur infolge eines Austauschs mit Finanzmitteln, die vorher auf der Basis von Versprechen entstanden waren (Näheres dazu Abschn. 2.5.2.6).

Nachdem wir im Vorangegangenen einen Blick auf den Tauschhandel im Allgemeinen und auf dessen Wesensbestandteile und Voraussetzungen im Besonderen geworfen hatten, was uns zur Definition der Wertschrift geführt hat, wenden wir uns jetzt einer speziellen Art von Wertschriften zu, nämlich dem Gelde.

Die Geistesleistungen Evaluieren, Quantifizieren und Kreditieren spielen – wie wir gesehen hatten – bei *allen* Marktvorgängen eine Rolle. Sie sind aber vor allem auch Ursprung und Basis des Geldes und seiner Schöpfung. Die Vergegenständlichung dieser Geistesleistungen erfolgt immer nur symbolisch – anders als in der Technik, wo eine Geistesleistung (ein Plan) gewissermaßen in Erde gegossen wird, hergestellt als greifbares Produkt. Eine symbolische Vergegenständlichung geschieht gewöhnlich in Form eines Schriftzugs (s. Abschn. 2.4).

Eine solcher Schriftzug kann, wie uns die Geschichte lehrt, unterschiedlichste Gestalt annehmen: als Aufschrift auf einem Stück Rinde (Urvölker), auf einer Silberfolie (Indien), als Münzaufdruck (Abendland), als digitales Datum in einer EDV-Anlage bzw. auf einer Plastikkarte (Globus) oder eben auch auf einem Stück Papier. Gelder sind – oberflächlich betrachtet – bloße Notierungen, die Zahlen und Wertmaße enthalten. Will man ihr Wesen erfassen, dann ist man gut beraten, die Entstehung und die Struktur der Wertschriften zu beobachten.

Mit der Definition der Wertschriften sind wir schon ganz nahe am Geld. Denn Geld ist nichts anderes als eine bestimmte Art von Wertschrift. Es begegnet uns zunächst – in seiner allgemeinsten Form – als *Universalgeld*. Das Universalgeld umfasst neben dem Geld, was wir gewöhnlich im Alltag gebrauchen, auch alle Arten des sogenannten *Near Money*. Das Near Money besteht aus Wertschriften von Schuldnern, die hochgradig bonide sind. Im angloamerikanischen Finanzraum spielen sie eine große Rolle. Milliarden Werteinheiten davon sind täglich im Umlauf.

Nun schafft die Finanzwirtschaft nicht nur das Tauschgut Geld überhaupt – als Universalgeld (im Folgenden: Abschn. 2.5.1), sondern auch jene besondere Form von Geld die wir *Währungsgeld* nennen (im Folgenden: Abschn. 2.5.2).

Gelder sind stets *Monetisierungen* von Tilgungsversprechen. Realisieren sich die dahinterstehenden Tilgungsvermögen, dann verschwindet das Geld wieder – auf dem Wege einer *Demonetisierung*. Monetisierung und Demonetisierung haben den Charakter einer (Geld-)Schöpfung und einer (Geld-)Vernichtung (im Folgenden: Abschn. 2.5.3).

2.5.1 Das Universalgeld

Um zu einem luziden Geldbegriff zu gelangen, war eine Reihe von Vorüberlegungen nötig. Die hatten wir in den Abschn. 2.1, 2.2, 2.3 und 2.4 angestellt. Die dortigen Erörterungen begannen bei prämonetären Ereignissen. Bereits hier offenbaren sich Wesenszüge, die nicht nur den Tauschobjekten überhaupt, sondern speziell auch dem Gelde zukommen. Das gilt insbesondere von den Schuldentilgungsversprechen. Diese Versprechen sind – wie wir gleich sehen werden – die Hauptkomponenten des Geldes.

Die Wertschriften von besonders boniden Emittenten bilden inzwischen einen Teil unseres Geldes, in Form des sog. Near Money (s. o.). Solche Wertschriften werden in weiten Bereichen der Wirtschaft als Zahlungsmittel genutzt. Die nicht materiellen Zahlungsmittel in ihrer Gesamtheit – einschließlich aller Arten von Near Money – sind das *Universalgeld* der Finanzwirtschaft (Universalität von Geld ist nicht zu verwechseln mit dessen Globalität!). Das Universalgeld ist nicht das, was wir im engeren Sinne als Geld bezeichnen. Es übt aber alle im Finanz-system benötigten Funktionen aus.

Eine für die Praxis brauchbare Definition des Geldes muss all diese Formen von Geld umfassen (im Folgenden: Abschn. 2.5.1.1). Der Vergleich des Wirtschaftsguts Geld mit anderen Wirtschaftsgütern offenbart die Untauglichkeit der funktionalen Gelddefinition (im Folgenden: Abschn. 2.5.1.2). Geld kann aufgrund seiner Wesensart wie eine gewöhnliche Ware am Markt gehandelt werden (im Folgenden: Abschn. 2.5.1.3).

2.5.1.1 Definition des Universalgelds

Eine Definition des Geldes, die die Gesamtheit der heutigen Finanzmittel beschreiben will, muss auch das Geld der in Abschn. 2.5.1 erwähnten Nebengeldkreisläufe umfassen. Sie muss das Zahlungsmittel Geld so erklären, dass alle speziellen Formen berücksichtigt sind. Das heißt, sie muss eine Definition des Universalgelds sein. Unter Berücksichtigung des Bonitäts-aspekts lässt sich vom Universalgeld sagen: Universalgeld ist die Gesamtheit der Wertschriften hochbonider Emittenten. Setzt man in diesen Satz die Definition ein, die wir für Wertschriften gefunden hatten, dann ergibt sich:

„Universalgeld ist die Gesamtheit der Zahlungsmittel in Form numerisch bewerteter, symbolisch materialisierter Tilgungsversprechen, die gedeckt sind durch das Tilgungspotential hochbonider Emittenten."

Der in dieser Definition fixierte Geldbegriff ist eindeutig. Sie schließt die besondere Geldklasse *Währungsgeld* ein (s. Abschn. 2.5.2 ff.). Was der Definition nicht entspricht, z. B. die sogenannten Kryptocoins, ist vielleicht „Geld", aber nicht im Sinne unserer Finanzwirtschaft. Denn in dieser ist die *Deckung* des Geldes unabdingbarer Wesensbestandteil. Die Gelddeckungsfrage ist für die Schöpfer von Kryptocoins bedeutungslos (s. Abschn. 2.5.2.5).

Mit der Definition ist eine klare Grenze gezogen gegenüber allen anderen Tauschobjekten. Es gibt kein diffuses „Dazwischen". Die undeutlichen Begriffe „Schuldtitel" „Geldsubstitut", „Geldsurrogat", usw. erübrigen sich. Die Definition enthält alle Komponenten, die auch den Wertschriften aus Abschn. 2.4 zukommen. Diese Übereinstimmung erklärt, dass einige Wertschriften am Markt wie Geld fungieren, etwa in Form von Near Money. Die Definition deckt die gesamte Palette der marktgängigen Finanzmittel ab. Je mehr sich die Geldwirtschaft digitalisiert, desto dringlicher wird eine alle Geldformen umfassende Gelddefinition.

Geld im *eigentlichen* Sinne existiert erst dort, wo numerisch bewertete und symbolisch materialisierte Schuldentilgungsversprechen als Tauschobjekte dienen und nicht schon dort, wo es Edelmetallmünzen gibt. Solche Münzen sind im Grunde immer noch so etwas wie handfeste Naturalien. Ihr Wert bemisst sich an ihrem Dingcharakter.

Die Objektivation des (immateriellen!) Wertes in Form von Noten oder elektronischen Daten macht die Menschheit endgültig frei vom reinen Sachgütertausch. Erst hier erscheint das Wesen des Geldes vollkommen unverstellt, nämlich als Bescheinigung darüber, dass ein Handelsakt im Sinne eines Sachgütertausches erst zur Hälfte durchgeführt und die andere Hälfte kreditiert wurde. Die Bescheinigung dokumentiert ein abstraktes Recht, eines Tages irgendein Sachgut erwerben und nutzen zu können. Geld ist insofern nichts anderes als ein „Güterbezugsrecht", ein „Anspruch auf gleichwertige Gegenleistung" (Argentarius, 2016). Geld im heutigen Sinne kommt erst in die Welt, wenn sein Wesen völlig abgelöst ist von irgendwelcher Materie. Wenn es sich dennoch materialisiert, dann nur in symbolischer Form: als Bescheinigung eines numerisch bewerteten Versprechens. *Geld ist also vom Wesen her immateriell. Seine Materialität erlangt es nur auf einem Trägermedium.*

Die Schritte, die wir bisher hin zum Geldbegriff getan haben, zeigen, dass das Geld keine luftige Erfindung ist, die irgendwann einmal irgendjemandem eingefallen ist, sondern ein Gebilde, das aus dem ursprünglichen Sachgütertausch auf ganz natürliche Weise herausgewachsen ist. Überall, wo die beiden Teilakte eines Sachgütertausches raumzeitlich auseinanderfallen und deshalb eine Kreditierung erfolgt, sprudelt der Quell des Geldes.

Das heute umlaufende Geld entsteht *durchweg* aus Krediten. Und beim Vorgang des Kreditierens sind es speziell die beiden Komponenten Tilgungsversprechen und Tilgungsvermögen, die das Rückgrat abgeben für die Geldschöpfung. Diese Tatsache ist Vielen nicht bewusst, häufig auch denen nicht, die beruflich mit Geld zu tun haben.

Schon an der Wertschrift (eigentlich schon am Gutschein) ist erkennbar, dass die Wirtschaft bei der Schaffung von Tauschgütern, die aus Gründen einer optimaleren Allokation *aller* Wirtschaftsgüter keine Sachgüter mehr sein sollen, eine bestimmte, aber nicht notwendige Richtung eingeschlagen hat. Sie hat die *Schuldentilgungsversprechen* zu Handelsgütern gemacht. Sie hätte auch anders verfahren können: nicht die den heutigen Handel dominierenden Tilgungs*versprechen*, sondern die sie deckenden Tilgungs*vermögen*, d. h. die *Bonität der Handelspartner*, hätte zum Tauschgut werden können. Dieser Umstand provoziert bestimmte Überlegungen in Richtung *künftigen* Handelns auf Märkten (Näheres dazu in Abschn. 3.7).

Wie sich im weiteren Verlauf der Darstellung zeigen wird, hat die hier gegebene Gelddefinition eine Reihe von Vorteilen. Sie ist genauer als die Aussage: Geld ist die Gesamtheit aller Schuldverschreibungen („Schuldverschreibung" in dem im Abschn. 2.3 eingeführten weiten Sinn). Die letztgenannte Aussage taugt zwar auch zur Definition des Geldes. Aber beim Begriff „Schuldverschreibung" müssten dessen Konstituenten ebenfalls erst ermittelt werden, um eine klare Vorstellung darüber zu erlangen, was das mit ihm definierte Geld *wesenhaft* ist.

Neben dem Geld gibt es noch andere Tauschobjekte, die symbolisch materialisiert sind, z. B. Konstruktionspläne von Maschinen. Solche Pläne sind aber eben *kein* Geld, weil ihnen keine Tilgungsversprechen zugrunde liegen. Und es gibt Tauschobjekte, die (wie auch das Geld) numerisch bewertet sind, z. B. ausgepreiste Waren. Aber auch diese sind kein Geld, sondern Dinge für den realen Gebrauch bzw. Verbrauch.

Geld in seiner Rolle als Tauschobjekt bleibt stets Schuld, auch wenn es noch so gläubig für reines Gut gehalten wird. Es enthält die beiden für jedes Tauschobjekt typischen Komponenten Gut und Schuld viel offensichtlicher als andere Tauschobjekte. – „Die Summe allen Geldes [der Begriff „Geld" hier nur als *Gut* aufgefasst!] ist gleich der Summe aller Schulden" hat der Banker Phillip von Bethmann einmal gesagt. Der Satz müsste in meiner Version lauten: Die Summe aller Gutscheine ist gleich der Summe aller Schuldscheine. Dieser Satz ist eine Tautologie. Beide Arten von Scheinen sind nämlich identisch. Es sind Gut-Schuld-Scheine.

Geld dokumentiert eine Kollektivschuld, eine Schuld, die irgendjemand aus dem Kollektiv der Geldnutzer tilgen muss. Die Individualschuld des einzelnen Kreditnehmers, die ursprünglich zum Geld geführt hatte, erlischt zwar nicht. Aber in dem interindividuellen Geldverkehr, der auf die individuelle Geldschöpfung folgt, wird das Geldnutzerkollektiv als ganzes zum Schuldner. Leistungsverpflichteter des Geldbesitzers ist nicht mehr nur ein einzelner Güterlieferant am Markt (so wie beim Gutschein), sondern es sind die Güterlieferanten einer Geldnutzergemeinschaft insgesamt. Weil das so ist, ist es für manchen schwierig, Geld nicht immer nur als Gut, sondern zugleich auch als Schuld zu begreifen. Wie jeder Gutschein, so ist auch jeder Geldschein nicht nur Anspruch auf ein Gut, sondern zugleich Ausweis über ein früher einmal hergegebenes Gut, das nicht verschenkt wurde, z. B. eine verrichtete Arbeit. Und jetzt schuldet dem Geldbesitzer die *Gesamtheit* der Geldnutzer irgendein anderes Gut.

2.5.1.2 Die Untauglichkeit funktionaler Gelddefinitionen

In der Folge des William Stuart Jevons (1867), einem renommierten englischen Ökonomen, ist die Definition des Geldes durch Nennung seiner Funktionen üblich geworden: Geld ist jenes Tauschgut, das vor allem als *Zahlungsmittel,* aber auch als *Wertaufbewahrungsmittel, Rechenmittel* und *Wertmaßstab* dient. Viele Nachfolger Jevons' haben die auf diesen 4 Funktionen aufgebaute Gelddefinition ihren Theorien zugrunde gelegt. Jevons' Landsmann John Maynard Keynes hat später dem Merkmal „Rechenmittel" anstelle der Zahlungsfunktion die Hauptrolle zugewiesen. Für ihn ist Geld vor allem „Rechengeld" (1971).

Im Abschn. 1.1 war gezeigt worden, dass zumindest das Bezahlen und die Wertaufbewahrung keine typischen Funktionen des Geldes sind. Beide sind nicht dazu geeignet, eine Wesensbestimmung speziell des Geldes zu liefern. Bezahlen war dort ganz allgemein die Hergabe eines Gutes genannt worden, durch die man im Tausch ein anderes Gut erlangt. Zahlungsmittel ist also *jedes* Gut, sobald es auf den Markt kommt. Und die Funktion der Wertaufbewahrung – so war im gleichen Atemzug gesagt worden – hat ein Gut immer dann, wenn es den Markt wieder verlässt und gehortet wird. Prinzipiell kann also jedes Wirtschaftsgut die Rolle eines Zahlungsmittels und eines Wertaufbewahrungsmittels übernehmen. Das bedeutet: beide Funktionen sind im Tausch als *solchem* ursprünglich verankert und sind keine Besonderheiten des Geldes.

Neben anderen Gütern dient natürlich auch das Geld als Zahlungsmittel und als Wertaufbewahrungsmittel. Geld erfüllt diese Funktionen gegenüber anderen Gütern sogar hervorragend. Denn es ist intersubjektiv als Tauschobjekt akzeptiert und unverderblich, vor allem als elektronisches Datum. Aber es erfüllt die Funktionen nicht allein, sodass man sie für eine präzise Gelddefinition nutzen könnte.

Dem Tauschgut „Geld" werden neben den Funktionen Zahlungs- und Wertaufbewahrungsmittel noch zwei weitere zugeschrieben: Rechenmittel und Wertmaßstab. Sie fließen normalerweise in die Definition des Geldes mit ein. Wie steht es damit?

Ein symbolisch materialisiertes Tilgungsversprechen ist Geld, falls es quantitativ bewertet ist. Das heißt, ihm kommt ein Wertmaß zu und eine Zahl zum Rechnen. Bei der Definition „Geld ist Rechenmittel" erkennt der mitdenkende Leser sofort die Unstimmigkeit. Denn es sind die Zahlen und nichts als die Zahlen, die das Rechenmittel beim Geldgebrauch abgeben, z. B. bei einer Kalkulation. Nur weil Geld numerisch bewertet ist, kann man mit ihm rechnen. Das Geld kann zwar als Rechenmittel *dienen*. Aber es ist dieses nicht selbst. Gerechnet wird nur mit den Zahlen, die sich an oder auf ihm befinden. Die Definition „Geld ist Rechenmittel" trifft nicht das Wesen des Geldes, sondern beschreibt die Funktion der Zahlen (genauer: der Kardinalzahlen; s. Abschn. 2.2). Schon oben wurde angedeutet, dass eine solche Wesensbestimmung in eine Sackgasse führt, weil *jedes* numerisch bewertete Tauschgut als Rechenmittel herhalten kann (Beispiel: Zigaretten).

Ebenso blockierend ist es, Geld in der Nachfolge des Aristoteles als „Wertmaßstab" zu definieren. Darauf hat vor allem Ludwig von Mises (2005) hingewiesen. Das ergibt sich aber auch schon aus der Wertetheorie Carl Mengers (s. dazu auch Knolle-Grothusen et al., 2009). Bewertungsmaße werden oft verwechselt mit dem Geld, das sie messen. So entsteht der Irrglaube, Geld sei wesensmäßig selbst das Wertmaß. Was Ernst Wagemann (1932) die „Kochgeschirrtheorie" des Geldes nennt, ist jene Lehre, die annimmt, „dass der Geldstoff der Wertmesser sei, an dem die Preise abgeschätzt würden." – Inwiefern haben wir es auch hier mit einem Irrtum zu tun?

Geld *unterliegt* einer Wertbemaßung, wie jedes z. B. mit den Wertmaßen Dollar oder Euro bewertete und ausgepreiste Sachgut auch. Die Definition des Geldes als eines Wertmaßstabs geht offensichtlich auf die Gleichsetzung der Phänomene „Geld" (als bescheinigtes Schuldentilgungsversprechen materiell greifbar) und „Wertmaß" (immaterielle Größe) zurück. Beide Phänomene sind voneinander streng zu scheiden. Die Fehlstellung bei der oben genannten funktionalen Gelddefinition resultiert aus der Gleichsetzung der Geldeinheiten mit den Maßeinheiten des Geldes. Die Maßeinheiten sind zwar an Geldeinheiten *gekoppelt*, als solche aber nicht das Geld selbst. Über den Wert lernt man etwas aus der Analyse des Bewertens. Über das Geld lernt man etwas aus der Analyse des Kreditierens. Das Phänomen „Wert" ist stets gesondert zu betrachten, abgetrennt vom Phänomen „Geld". Für ein tieferes Verständnis von Inflation und Deflation ist dies unerlässlich (s. Abschn. 2.6.1 ff.).

Die Bewertung der Sachgüter kann auf dasselbe Wertmaß wie das des Geldes zurückgreifen. Aber beide Bewertungen finden getrennt statt. Der Wert des Geldes stammt aus dem Akt, der den Wert des Tilgungsvermögens abschätzt (z. B. anlässlich der Bonitätsprüfung einer Bank). Das Tilgungsvermögen deckt das Geld. Und dessen Wert erscheint schließlich am geschöpften Geld. Der Wert der ausgepreisten Sachgüter hingegen stammt aus einem ganz anderen, vom Geld völlig unabhängigen Bewertungsakt. Dieser Akt findet im Rahmen von Kalkulation und Preisfindung bei einem Sachgut statt.

Immer ist es die Zahl am Gelde (die Zahl 10 oder 20 auf dem Geldschein), welche die Recheneinheit abgibt. Und immer ist es das Wertmaß (Dollar oder Euro), welches das Geld in seinem Wert bemisst. Das Wertmaß dient auch als Maß für die Bewertung aller möglichen anderen Dinge. Bei einer numerischen Bewertung kommt nicht das Geld als Rechenhilfe und als Messlatte ins Spiel, sondern die Zahlen und Wertmaße als solche!

Schon ein nur vordergründiger Blick auf die Dinge offenbart diesen Sachverhalt. Wenn es z. B. heißt: Der Pullover kostet 100 €, dann ist das eine handliche, aber verkürzte Redewendung. Sie besagt in vollem Wortlaut: für einen Pullover, der mit 100 € bewertet ist, muss man im Tausch als Gegenleistung ein Geld aufwenden, das ebenfalls mit 100 € bewertet ist.

Im Abschn. A hatten wir gesehen, dass prinzipiell *alle* Tauschgüter sowohl Zahlungsmittel als auch Wertaufbewahrungsmittel sein können und dies auch oft sind. Und jetzt erfahren wir, dass der Wert aller möglichen Gelder zwar durch bestimmte Wertmaßstäbe (Dollar, Euro, Yen usw.) *ermittelt* wird, aber dass die Gelder selbst die Maßstäbe nicht *sind*. Zwar kann Geld, sofern es selbst bewertet ist, aushilfsweise als Wertmaß für andere Güter herhalten. Aber das können viele andere bewertete Tauschgüter auch, z. B. Zigaretten.

In welche intellektuelle Sackgasse es führen kann, wenn das Geld als Wertmaßstab deklariert wird, sieht man daran, wie die Menschen in Europa den um die letzte Jahrtausendwende erfolgten Übergang der bis dahin unterschiedlichen europäischen Wertmaße in ein einheitliches Wertmaß deuten. Sie glauben, es sei mit der Einführung des Euro neues Geld entstanden. Sie können oder wollen offenbar nicht sehen, dass das vermeintlich „neue Geld" längst vorhanden war. Nur wurden die bereits vorhandenen alten Gelder ab dato anders taxiert, und zwar mit einem neuen, diesmal europaweit gültigen Wertmaß.

Viele Neuerscheinungen auf dem Buchmarkt, die den Euro thematisieren, gehen wie selbstverständlich davon aus, dass seinerzeit ein neues Geld eingeführt wurde und dass deshalb die Euros und nicht die (völlig maroden) Staatswirtschaften an allem Übel in der EU schuld sind. Die Autoren sehen nicht, dass lediglich ein neues Wertmaß das Licht der Welt erblickte – nicht nur zur Bewertung von Sachgütern, sondern auch zur Bewertung von Geld. Bei der Einführung des Euro hat sich nur die Bewertung der Sachgüter und des Geldes geändert. Dabei hat sich Ähnliches ereignet wie einstmals bei der Einführung des Metermaßes als einheitliches Längenmaß für Kontinentaleuropa.

Die abwegigen „Verbesserungs"-Vorschläge, die eurokritische Leute aus der Fehldeutung der Euro-Einführung ableiten, spotten jeder Beschreibung. Man kann einschlägige Bücher ohne Arg der Kategorie „Schundliteratur" zuordnen. Mancher Autor erweckt den Anschein, als würde er am liebsten das Metermaß wieder abschaffen, und es wieder durch die ursprünglichen Regionalmaße ersetzen. Das heftige Schimpfen gegen die heutige Finanzwirtschaft sollte sich nicht so sehr auf die *Wertmaße* Euro und Dollar richten, sondern auf die seltsame Art des *Kreditierens*, auf dessen Basis manche Gelder entstehen, d. h. auf die Unverfrorenheit, mit der die Deckung dieser Gelder behauptet wird (Näheres s. Abschn. 2.6.3).

Meistens lassen sich die selbst ernannten „Geldexperten" durch den Umstand täuschen, dass die Europäische Zentralbank (bzw. die nationalen Zentralbanken der EU) seinerzeit neue Noten und Münzen herausgegeben hat. Aber auch die hat sie nur gegen die alten ausgetauscht und damit kein neues Geld geschaffen (s. dazu vor allem auch Abschn. 2.5.2.6).

Diese Sicht der Dinge ist belegbar durch die Aussagen in der Neufassung des deutschen Bundesbankgesetzes. Dort findet sich in § 14 die Redewendung „auf Euro lautende Banknoten", wo offensichtlich die Begriffe Euro (Wertmaß) und Banknoten (Geld) unterschieden werden. Im § 35 ist dann klar zum Ausdruck gebracht, dass das Wort „Euro" ein *Wertmaß* (und nicht ein Geld!) bezeichnet.

Wer die erhellenden Analysen des Bewertens bei den Altmeistern der Ökonomie (s. Abschn. 2.1) aufmerksam studiert, erkennt, dass Geld und Wert ganz unterschiedliche Phänomene sind. „Der Tauschwert des Geldes ist der antizipierte Gebrauchswert der für das Geld anzuschaffenden Dinge", heißt es dort (Wieser, Nachdruck 2016). Ein solcher Satz kann nur geäußert werden vor dem Hintergrund einer klaren Unterscheidung von Wert und Geld.

Verschiedene Wertmaße lassen sich auf ein und dasselbe Objekt abbilden. Und mit *einem* Wertmaß kann man den Wert von verschiedenen Gütern, z. B. auch von Pfändern, von menschlichen Arbeitspotenzialen, von Verträgen usw. bestimmen – und eben auch den Wert von neu zu schöpfendem Geld.

Meine offensichtlich abfällige Beurteilung der Versuche, das Phänomen „Geld" über seine Funktionen zu definieren und daraus die Vorgänge bei der Geldschöpfungs- und Geldum-gangspraxis zu deuten, mag dem einen oder anderen gewalttätig erscheinen. Sie wurde aber – wie ich hoffe – in den vorstehenden Abschnitten hinlänglich und nachvollziehbar begründet. Solche Begründung steht bei manch anderer „Theorie" noch aus. Hier muss erst einmal *geliefert* werden, und zwar verlässliche Beobachtungsdaten und Analyseergebnisse.

Mir erscheint es als völlig unverständlich, warum der ansonsten so klarsichtige Ludwig von Mises die Ansichten der älteren österreichischen Ökonomie über die „Wertherechnung" ausdrücklich verwirft und an deren Stelle die von ihm sogenannte „Geldrechnung" setzt (1980). Demgegenüber ist festzustellen: die „Geldrechnung" *basiert* auf der „Wertherechnung"! Vor dem Hintergrund der Verfahrensweise, Geld funktional zu definieren ist verständlich, dass Mises die „Wertherechnung" seiner Vorgänger, z. B. des Friedrich von Wieser, durch die von ihm favorisierten „Geldrechnung" ersetzt. Auch Mises verwechselt offensichtlich die Begriffe „Wert" und „Geld". In diesem Zusammenhang sei daran erinnert, dass z. B. Menger, Wieser und Böhm-Bawerk ihre Theorie des ökonomischen Wertes und der Wertermittlung *ohne* Rückgriff auf den Geldbegriff entwickelt hatten.

Und außerdem: gerechnet wird nicht mit Geld, sondern mit Zahlen, und zwar mit jenen, die auf Geldscheinen, Geldmünzen und Girokonten stehen. Das sind zweifellos die *Kardinal*zahlen, nämlich genau die, welche wir im Abschn. 2.2 untersucht haben. Mises meint aber: „Nur die Ordnungszahlen, nicht auch die Kardinalzahlen stehen uns für den Ausdruck der Werturteile zur Verfügung" (Mises, 1980) Das ist zwar richtig, wenn man eine *Rangskala* zwischen Werten erstellen will. Mit den Werten *gerechnet* wird aber immer anhand von Kardinalzahlen. – Jede Wirtschaftsrechnung („Kalkulation") – braucht einen gemeinsamen Nenner. Dieser Nenner ist die Wertmaßeinheit. Sie misst *sowohl* Sachgüter *als auch* Geld.

Den mitdenkenden Lesern schwant, dass sie sich von der so griffigen funktionalen Definition des Geldes verabschieden müssen. Bei der klassisch gewordenen Gelddefinition des William Stuart Jevons wird zumindest das *Wesen* des Geldes nicht erfasst. Es ist übrigens die Crux *aller* funktionalen Definitionen, dass sie den Kern der zu definierenden Sache nicht treffen. Das leisten nur *essenziale* Definitionen.

Fazit: Weder das Kennzeichen Zahlungsmittel, noch die Kennzeichen Wertaufbewahrungsmittel, Rechenmittel und Wertmaßstab treffen das Wesen des Geldes. Alle diese Charakteristika gelten auch für andere Tauschgüter. Daraus ist zu lernen: Geld aufgrund seiner Funktionen zu definieren, verfehlt nicht nur dessen Wesensgehalt. Es führt sogar in die Irre (siehe die Deutung der Einführung des Euro). Schon der Banker Argentarius hat auf die Irrtümer aufmerksam gemacht, die durch die Gleichsetzung des Geldes mit seinen Funktionen entstehen können (1921).

2.5.1.3 Geld als Ware

Ein Tilgungsversprechen kann numerisch bewertet und symbolisch vergegenständlicht sein. Als Gegenstand – z. B. in Form von Gutscheinen oder von Geld – kann es gegen einen anderes oder gegen Sachgüter eingetauscht werden. Als materiell (auch digital) existente Bescheinigung kann es von Hand zu Hand gehen – *wie eine Ware*. Die Vergegenständlichung des Versprechens als Symbol auf einem Trägermedium ermöglicht, dass es als Ware am Tauschhandel teilnehmen kann. Seinen Warencharakter erlangt es erst als real greifbare Bescheinigung, auch wenn diese nur in elektronischer Form existiert.

Nur mit Waren kann man tauschen. Wenn mit Tilgungsversprechen, also mit rein geistigen Entitäten getauscht werden soll, müssen sie zu Waren werden. Es ist wie anderswo auch: Wenn pure Geistesblitze, z. B. irgendwelche konstruktiven Einfälle oder Romane, zu Handelswaren werden sollen, müssen sie *vergegenständlicht* sein – zumindest symbolisch: etwa in Form von Bauplänen oder von Manuskripten. Genauso verhält es sich mit Tilgungsversprechen. Andernfalls sind sie nicht handelbar. Nur mit real Gegenständlichem kann gehandelt werden, und sei der Gegenstand auch nur ein Symbol. Als Trägermedium für dieses Symbol kann entweder Papier oder eine EDV-Anlage dienen.

Alle Waren sind einerseits Sachgüter (Naturalien) und andererseits symbolisch objektivierte Geistesleistungen, also z. B. Geld. Beide erscheinen vereinigt im Begriff „Tauschgut" bzw. „Zahlungsmittel".

Tilgungsversprechen sind zunächst bloße Absichtserklärungen, Ware zu liefern und nicht schon selbst Ware. Ware werden sie erst durch ihre Vergegenständlichung (z. B. als Gutschein) und dadurch, dass sie auch die anderen genannten Bedingungen für die Akzeptanz als Zahlungsmittel erfüllen (s. Abschn. 2.4). Infolgedessen kann bei Tauschgeschäften, in die Geld (= numerisch bewertetes und symbolisch materialisiertes Tilgungsversprechen) als Tauschgut einfließt, von einer regelgerechten *Bezahlung* gesprochen werden. Denn wenn ein Tilgungsversprechen wie eine Ware, etwa als Geld, gehandelt werden kann, benötigt man keinen Zahlungsaufschub mehr. Die Hergabe des Geldscheins ist dann die Bezahlung.

Eine Bezahlung lässt weder Schulden noch Guthaben zurück. Sie schließt ein Geschäft endgültig ab. Während ein bloßes Zahlungsversprechen den Schuldner bindet, ist eine Bezahlung schuldbefreiend. Das aus dem ursprünglichen, real unvollendeten Tauschgeschäft noch verbliebene Schuldverhältnis erlischt. Ein Tauschgeschäft erfährt jetzt erst – durch Verwendung des eigentümlichen Tauschguts Geld – seine Vollendung.

Genau wie beim puren Naturalientausch, bei dem die Sachgüter selbst als Zahlungsmittel dienen, kann auch ein vergegenständlichtes Tilgungsversprechen Zahlungsmittel sein – etwa in Form von Geld. Das konnte es als bloßes (mündliches) Versprechen noch nicht. Denn als solches lag es nicht vergegenständlicht vor und konnte deshalb von den Tauschpartnern nicht wie ein Ding behandelt werden. Als Versprechen bewirkt es nur einen Zahlungsaufschub. Hat es hingegen die in Abschn. 2.5.1.1 genannten Merkmale, die es zu Geld machen, kann mit ihm wie mit einem Sachgut bezahlt werden. Damit ist der Tausch im Sinne eines Warentausches endgültig abschließbar.

Geld ist nicht bloß „Satellit der Ware" (Joseph Schumpeter, 2008), sondern eine durchaus eigenständige, wenn auch ganz besondere Ware. Als Ware ist Geld sogar Gebrauchsgut – im Gegensatz zu anderen Gebrauchsgütern allerdings jenes, dessen Gebrauch nur darin besteht, dass man es jederzeit veräußern kann (Immanuel Kant, 1966). Sein Tauschwert ist eine unabdingbare Voraussetzung für seinen Gebrauchswert (Ludwig von Mises, 1980). Denn sein Gebrauchswert besteht darin, „Zwischentauschware" (Europäische Zentralbank, 2009) zu sein. Es ist gewissermaßen das „Schmiermittel" (Hans Werner Sinn, 2021) bei allen ökonomischen Transformationen.

2.5.2 Das Währungsgeld

Die Handelskraft eines Wirtschaftssubjekts ist optimal, wenn sie sich in Form von Geld realisiert. Das reicht aber nicht immer. Voll entfalten kann sich diese Kraft erst, wenn das Tauschgut „Tilgungsversprechen" in einer Form materialisiert erscheint, die wir *Währungsgeld* nennen. Erst Währungsgeld ist ein Geld, mit dem man innerhalb eines Handelskreises überall und immer bezahlen kann.

Regulär bezahlt wird auch bei solchen Tauschgeschäften, in die ein von der Wirtschaft irgendwo geschaffenes Geld (Near Money) einfließt. Aber mit Währungsgeld kann man *alle nur möglichen* Tauschgeschäfte innerhalb eines Handelskreises tätigen. Man hat mit Währungsgeld ein besonders ausgezeichnetes Zahlungsmittel.

Währungsgeld entsteht ebenfalls aus Krediten. Insofern ist es durch die oben gegebene Gelddefinition miterfasst. Die Definition des Geldes im Abschn. 2.5.1.1 nennt die Merkmale für alle nur möglichen Gelder und hat insofern universellen Charakter. Was aber ist das Besondere am Währungsgeld? Worin unterscheidet es sich von allen anderen Geldern?

Währungsgeld entsteht nur bei *Banken* (im Folgenden: Abschn. 2.5.2.1). Durch den Einbezug von Währungsgeld in den Tausch wird dieser zum Kauf bzw. zum Verkauf (im Folgenden: Abschn. 2.5.2.2). Die Banken sind in besonderer Weise für Bonitätsprüfungen vorbereitet und entsprechend eingerichtet (im Folgenden: Abschn. 2.5.2.3). Die Funktion der Banken als Schöpfer des Währungsgeldes beschränkt sich nicht auf das bloße Kreditieren. Banken haben auch einen großen Anteil beim *Verkuppeln* von Tauschpartnern. Aufgrund der Existenz von Banken können bestimmte Handelsakte überhaupt erst stattfinden (im Folgenden: Abschn. 2.5.2.4). Währungsgeld ist – wie jedes andere Geld – durch Leistungspotenziale gedeckt (im Folgenden: Abschn. 2.5.2.5). Eine Unterklasse des Währungsgeldes ist das Bargeld (im Folgenden: Abschn. 2.5.2.6).

2.5.2.1 Definition des Währungsgeldes

Was fehlt dem Universalgeld noch zum angeblich „richtigen" Geld. Es fehlt die Zahlungsmittel-Akzeptanz durch *alle* Subjekte eines Handelskreises. Diese Akzeptanz kommt nur dem *Währungsgeld* zu. Das Währungsgeld ist nicht das Geld schlechthin, wie beispielsweise Ernst Wagemann noch meinte („Währung ist ein anderer Ausdruck für Geld"; 1932), sondern es gehört als Teil zum Universalgeld. Neben vielen anderen kann auch eine Bank als Kreditorin auftreten. Wie die anderen tritt sie als Letztschuldnerin ihrer Kredite auf. Auch wenn die Kreditnehmer sich vertraglich dazu verpflichten, die bei ihrem Kreditgeber (ihrer Bank) aufgenommenen Schulden zu tilgen, Letztschuldnerin beim Währungsgeld ist immer die Bank. Wenn sie sich bei der Bonitätsprüfung verschätzt und die Tilgung eines Kreditnehmers fällt aus, trägt sie das Ausfallrisiko. Wenn sich irgendein Tilgungspotenzial nicht realisiert, garantiert die Bank, den dadurch entstandenen Schaden aus ihrem Gewinn oder aus ihrem Eigenkapital zu ersetzen. Allerdings: Jedes Finanzmittel ist nur so sicher, wie der Emittent, der es auf den Markt bringt. Das gilt auch für Geld emittierende Banken.

Währungsgeld weist gegenüber anderen Geldklassen eine Besonderheit auf: Weil es nur von Banken emittiert wird, ist es durch das Tilgungspotenzial der Banken gedeckt. Setzt man diesen Satz in die Universalgelddefinition ein, dann ergibt sich:

> „Währungsgeld ist die Gesamtheit der Zahlungsmittel in Form numerisch bewerteter, symbolisch materialisierter Tilgungsversprechen, die gedeckt sind durch das Tilgungspotential der Banken."

Per Vertrag („Darlehensvertrag"; s. Abschn. 2.5.3), der unter anderem stets auch ein Tilgungsversprechen enthält, ersetzen die Banken ihr Tilgungspotenzial durch das Tilgungspotenzial ihrer Kunden. Deren Tilgungspotenzial besteht letztlich darin, Güter auf den Markt bringen und verkaufen zu können. Das Bankensystem gibt zwar die Gewähr, dass das von ihm emittierte Geld „Substanz" hat, d. h. gedeckt ist. Es trägt diese „Substanz" aber nicht selbst, sondern stützt sie ab mit dem Leistungspotenzial seiner Kunden. Die Kunden haben entweder ein Bankdarlehen genommen oder einen nicht monetären Schuldtitel an das System verkauft. Die Gelddeckung, die früher einmal bei den Banken selbst, und zwar als Lieferpotenzial (z. B. von Edelmetallmünzen) vorhanden war, wird über Darlehens-/Kaufverträge auf das Lieferpotenzial (von marktgängigen Gütern aller Art) der Bankkunden transferiert. Die Werthaltigkeitsgarantie des Geldes ist somit sozialisiert. Das Liefer-/Leistungspotenzial der gesamten Gesellschaft deckt das Währungsgeld.

Erst Währungsgeld ist nach üblicher Auffassung „richtiges" Geld. Die Banken emittieren es beim Wertschriftenankauf oder bei der Vergabe von Darlehen. Währungsgeld ist kein bloßes Privatgeld eines boniden Wertpapier-Emissärs XY und auch kein „Regiogeld", sondern Geld im Sinne des Allgemeinverständnisses. Währungsgeld ist auch nicht auf bestimmte Tauschakte beschränkt. Es ist in unterschiedlicher Vergegenständlichung (etwa auch als Bankscheck oder als Überweisungsauftrag) in die Gesamtheit der Tauschvorgänge eines Handelskreises einflechtbar.

Wie hoch der Anteil und die Bedeutung des Währungsgeldes beim weltweit kursierenden Universalgeld ist, richtet sich danach, ob das Bezahlen mehr banken- oder mehr börsenorientiert ist. Hier unterscheidet sich die angloamerikanische deutlich von der kontinentaleuropäischen Geldwirtschaft (Hagen und Stein, 2000).

Währungsgeld ist jener Teil aus der Fülle der Finanzmittel, der den höchsten Grad an Marktgängigkeit (Liquidität) aufweist. Weil es unseren Wirtschaftsalltag als wichtigstes Finanzmittel bestimmt, wird es schlicht als „Geld" bezeichnet. Ich werde deshalb im Folgenden anstelle von Währungsgeld oft nur von „Geld" sprechen.

Erst durch das Tilgungspotenzial des Bankensystems erscheint Geld in ganz besonderem Maße gedeckt, auch wenn die Tilgung in der Regel delegiert wird (s. o.). Das Tilgungspotenzial der Banken steht dafür, dass sie die Tilgung *gewährleisten* können. Gewährleistung hieß im Altdeutschen „werunge". Von der Wortgeschichte her ist es deshalb gerechtfertigt, das Bankengeld „Währungsgeld" zu nennen, was ja tatsächlich auch geschieht. Das Wort „Währung" bezieht sich also nicht, wie meistens angenommen, auf ein Geld, das mit einem bestimmten Wertmaß (z. B. „Euro" oder „Dollar") gemessen wird, sondern auf ein Geld, dessen Deckung besonders streng geprüft wurde und dessen Substanz deshalb garantiert ist. Die „werunge" bezog sich einstmals auf die Gewährleistung eines bestimmten Edelmetallgehalts und Gewichts von Münzen. Heute bezieht sie sich auf den Wert eines Tilgungsversprechens, der anhand eines Tilgungsvermögens (der Bonität) ermittelt wird.

Die Bank kann die Gewähr für das von ihr emittierte Geld geben, weil sie die Bonität ihrer Kreditnehmer geprüft und bewertet hat. Fällt ein Kreditnehmer aus, muss die Bank selbst einspringen. Ihre Aktiva schrumpfen. Also ist die Deckung des Währungsgeldes am Ende durch die Bewertungsqualität der Banken, d. h. durch *deren* „Bonität" abgesichert. Wo diese Qualität fehlt, kann die Deckungssicherheit des Geldes nicht garantiert werden (s. auch Abschn. 2.6.3).

Währungsgeld wird im Unterschied zu anderen Geldklassen (den verschiedenen Formen des Near Money) allgemein, also von *allen* Tauschpartnern eines Handelskreises als Tauschobjekt akzeptiert. Woran liegt das? – Antwort: Die Akzeptanz dieses Geldes basiert auf dem Glauben der Geldnutzer, dass ein Geld, was bei Banken geschöpft wird, ausreichend gedeckt ist. Die Banken versichern aufgrund ihrer Bonitätsprüfungen, dass das von ihnen emittierte Geld Substanz hat. Sie garantieren, dass das Geld auf Schuldverhältnissen mit „guten" Schuldnern beruht. Mit anderen Worten: sie gewährleisten den Geldnutzern die Einlösbarkeit der Tilgungsversprechen, die der Geldschöpfung zugrunde liegen.

Die durch die oben gegebenen Gelddefinitionen bestimmte Finanzwirtschaft ist ihrem Wesen nach *Kreditgeldwirtschaft*. Hier gibt es kein Geld, was nicht aus Krediten stammt. Selbst dort entsteht Geld auf dem Weg der Kreditierung, wo Forderungen gegen sich selbst erzeugt werden (etwa bei Banken), um mit ihnen zu bezahlen (z. B. um Wertschriftenankäufe zu tätigen). Eine Bank gibt sich für solche Zahlungen gewissermaßen selbst Kredit, was man leicht an ihrer Bilanz ablesen kann.

Kredit wird dann gewährt, wenn ein glaubhaftes Tilgungsversprechen vorliegt. Das Versprechen erscheint dokumentiert in einem Darlehensvertrag. In diesem Vertrag verspricht der Darlehensnehmer, dass er das ausgeliehene, extra für ihn geschöpft Geld mit Zeitverzögerung wieder zurückzahlen will. Und der Darlehensgeber verspricht, den gewünschten Geldbetrag sofort auszuzahlen. – Unser heutiges Geld basiert seinem Wesen nach auf Versprechen, eine Wahrheit, die einen Großteil sogenannter „Geldtheorien" aushebeln dürfte.

Jedes Geld *entsteht(!)* aus Krediten, auch bei den Geldschöpfungsakten durch Banken. An dieser Stelle wird deutlich, dass die oft gebrauchte Redewendung „Geld *ist* Kredit" nicht klar genug ist. Sie verweist zwar irgendwie auf Geld, kann aber leicht in die Irre führen. Inwiefern? – Wenn innerhalb eines Tauschgeschäfts ein Lieferant seinem Schuldner eine Leistung kreditiert, fließt ja gerade *kein* Geld. Es erfolgt hier *keine* Bezahlung. Denn die Kreditierung bewirkt einen Zahlungs*aufschub*. Geld aber bewirkt eine echte Bezahlung ohne Aufschub. Geld kann also nicht damit erklärt werden, dass man es schlicht als Kredit bezeichnet. Es *erwächst* aus Krediten und darf deshalb *vordergründig* „Kreditgeld" heißen. – Zur Verwirrung trägt bei, dass der Begriff „Kredit" oft mit dem Begriff „Darlehen" gleichgesetzt wird.

Geld innerhalb der heutigen Finanzwirtschaft ist jenes Etwas, das seine Existenz den Schuldentilgungsversprechen und der Akzeptanz dieser Versprechen durch Kreditoren verdankt. Ein Kredit wird immer durch ein Tilgungsversprechen ausgelöst. Das Kreditieren, also die Akzeptanz eines Tilgungsversprechens als Tauschobjekt, ist dafür verantwortlich, dass Geld *überhaupt* entsteht. Das Evaluieren und das Quantifizieren des Tilgungspotenzials sind dafür verantwortlich, *wieviel* Geld entsteht.

Eine weitere Besonderheit bei der Bankengeldschöpfung ist: Bankengeld muss stets mit Bankengeld getilgt werden, ganz gleich, wie die Darlehensnehmer an solches Geld herankommen (z. B. durch Verkauf von Sachgütern, von Wertschriften, oder durch Anschlussdarlehen). Die Schuldner der Banken sind ausdrücklich in Währungsgeld verschuldet. Sie geben – in ihrer Rolle als Konsumenten oder Investoren – dieses Geld am Markt aus. Danach müssen sie schauen, wie sie für die Einlösung ihrer bei der Bank abgegebenen Tilgungsversprechen wieder an Geld herankommen. Das geschieht normalerweise durch Tauschakte am Markt. Tauschmittel können dort die eigene Arbeitskraft oder irgendwelche Sachgüter sein, auch solche, welche die Geldschuldner erst produzieren. Die Deckung des Bankengeldes (letztlich die Bonität der Bankengeldschuldner) ist insofern, wie bei jedem anderen Geld auch, eine über den Markt vermittelte. Nur wird sie im Bankensystem besonders streng geprüft, das sollte sie jedenfalls. Ob Geld rundum gedeckt ist oder nicht, verdanken wir der Professionalität der bankinternen Bonitätsprüfer („Analysten").

Wir hatten gesehen (Abschn. 2.3): Die Deckung von Tilgungsversprechen gründet in der Bonität von deren Emittenten. Das Vorhandensein dieser Deckung ist die Voraussetzung für eine nachhaltige Geldschöpfung. Die besondere Aufgabe des Bankensystems besteht darin, allein schon aus Eigeninteresse, die Bonität der von ihm kreditierten Emittenten von Tilgungsversprechen intensiver und strenger als andere Kreditoren unter die Lupe zu nehmen. Sie haftet für den Tilgungsausfall ihrer Kunden. Das heißt, sie muss im Ernstfall selber dafür sorgen, dass die durch die Geldemission bei ihr entstandene Verbindlichkeit aus ihrer Bilanz verschwindet. Das geht zulasten ihres Gewinns oder ihres Eigenkapitals. Daher muss es ihr existenzielles Anliegen sein, die Bonität ihrer Kreditkunden möglichst genau zu kennen.

Die Ausweitung der Marktgängigkeit von Geld auf der Basis einer Währung ist für die Geldnutzergemeinschaft überaus folgenreich. Sie wird als Ganze zur Leistungsschuldnerin gegenüber dem in Umlauf befindlichen Geld. Die Expansion der Schuldnerschaft war schon beim Wechselverkehr ansatzweise erkennbar. Nicht nur derjenige schuldet, der das Tilgungsversprechen ursprünglich abgab, sondern jeder Andere aus dem Kreis der Wechselnutzer. Beim Umgang mit Geld ist es genauso. Nur sind hier *alle* Mitglieder einer Geldnutzergemeinschaft Schuldner. Das Währungsgeld ist ein nicht spezifizierter Anspruch an das gesamte Güterangebot des Marktes.

Wenn ich Geld mein Eigen nenne, befinde ich mich auf Seiten der Gläubiger der Wirtschaftsgemeinschaft. Ich habe in der Regel – beispielsweise durch Einsatz meiner Arbeitskraft oder meines Besitzes – das Meinige (meine „Schuldigkeit") für die Gemeinschaft getan. Sobald ich das dabei verdiente Geld mein Eigen nenne, schuldet mir irgendein Anderer aus der Gemeinschaft ein werthaltiges Gut. Im Grunde schulden mir die Anderen einen Anteil aus allem, was auf dem Markt ist. Mit Geld trete ich völlig uneingeschränkt in den Gütertausch meines Handelskreises ein.

2.5.2.2 Kauf und Verkauf

Wo Geld als Zahlungsmittel dient, spricht man nicht mehr von „Tausch", sondern von *„Kauf"* bzw. von *„Verkauf"*. Bei der Bezahlung mit Geld wird ein Tauschobjekt, in der Regel ein Sachgut, zum Kaufobjekt. Es gibt Käufer und Verkäufer, die sich in ein und demselben Handelsakt als Tauschpartner treffen.

Der Doppelcharakter aller vergegenständlichten Tilgungsversprechen, also auch des Geldes (nämlich Gut und Schuld in einem zu sein) findet sein Pendant in der Zweiseitigkeit ein und desselben Handelsaktes, der einerseits Kaufen und andererseits Verkaufen genannt wird (s. Abb. 2.3).

Beim Kauf und Verkauf erfolgt der Leistungsabgleich durch eine allgemein handelbare (tauschtaugliche) Gut-Schuld-Bescheinigung, Geld genannt. Weil dies so ist, erscheint es unsinnig, vom Kauf bzw. vom Verkauf als von einem „halben Tausch" zu sprechen. Jeder Kauf bzw. Verkauf ist ein vollständiger Tausch. Nur fließt hier zwecks Vollendung des Tausches Geld als Tauschobjekt in den Handel mit ein, als Platzhalter für ein Sachgut. Beim Kaufen bzw. Verkaufen wird Geld aufgrund seiner hohen Liquidität zu einem *ausgezeichneten* Tauschobjekt, und das heißt auch: zu einem ausgezeichneten Zahlungsmittel. Beim Kauf muss Geld nicht bar auf den Tisch gelegt werden. Die Vergütung einer Ware kann auch mit einer Girokarte (Sofortzahlung) oder mit einer Kreditkarte (zeitlich aufgeschobene Zahlung) erfolgen.

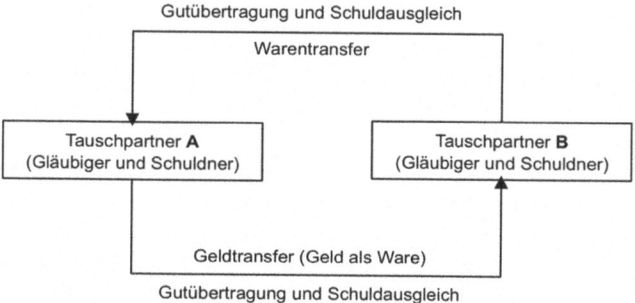

Abb. 2.3 Kauf und Verkauf als einheitlicher Vorgang

Wer bei einem Tauschhandel momentan die Rolle des Sachgut-Verkäufers spielt (und zugleich die eines Käufers, nämlich des Erwerbers von Geld!), tritt irgendwann später in der Rolle des Sachgut-Käufers (und zugleich Geld-Verkäufers!) in Erscheinung. Vorerst hält er sein soeben erworbenes Geld als Potenzial für einen künftigen Eintausch gegen Sachgut fest. Die Ökonomen sagen: er *hortet* es. Geld wird zu einem der vielen Wertaufbewahrungsmittel bzw. Sparmittel, die es auf der Welt gibt. Beim Sparen (Horten) von Geld wird der Erwerb, und damit die Nachfrage an Sachgütern nicht aufgehoben, sondern nur aufgeschoben. Insofern ist das Geldhorten kein Tauschmittelausfall, sondern lediglich ein Verschieben von Tauschakten in die Zukunft. Wenn der Aufschub simultan erfolgt oder simultan rückgängig gemacht wird, kann dies erhebliche Auswirkungen auf das Wirtschaftsgeschehen haben (s. dazu Abschn. 2.6 ff.).

Ein in den Handel gelangter Geldschein repräsentiert eine zu tilgende Schuld. Und gerade die gibt dem Geldbesitzer – und nicht dem Geld (!) – seine *Kaufkraft*. Die Kaufkraft ist ein Merkmal von Menschen. Sie ist nicht nur von Preisentwicklungen am Markt abhängig, z. B. infolge einer Inflation, sondern auch von individuellen Lebensgewohnheiten. Ein extremer Zigarettenverbrauch z. B. verzehrt Geld und kann insofern anderweitig Kaufkraft mindern. Das Beispiel zeigt, dass die Kaufkraft nichts mit dem Geld zu tun hat, sondern mit dem Verhalten, den Gewohnheiten und der Eigentumssituation von Menschen.

Die Kaufkraft der Geldnutzer hängt entschieden mit der Schuldkomponente des Geldes zusammen. Wenn ich einen Geldschein besitze, weiß ich: es schuldet mir jemand für diesen Schein ein Sachgut. Mein Geldschein gewinnt seinen Gutscheincharakter erst dadurch, dass er Schuldschein ist. Mit jedem Geldschein halte ich – als Gläubiger des ihm zugrunde liegenden Versprechens – ein realisierbares Potenzial in den Händen: Ich *kann* damit ein Paar Schuhe, ein Stück Fleisch, ein Buch vom Markt abrufen. Ich kann das nicht so sehr aufgrund des Gutscheincharakters meines Geldes, sondern vor allem aufgrund seines Schuldscheincharakters. Schuhe, Fleisch und Buch sind mir als Geldbesitzer *geschuldet*. Nur richtet sich der Schuldanspruch jetzt nicht mehr gegen eine einzelne Person, wie beim Gutschein, sondern gegen alle, die sich auf dem Markt befinden. Geld ist „eine Forderung an die *Allgemeinheit*" (Argentarius, 1921).

Außerdem: Geld ermöglicht die Vollendung von Tauschhandlungen, die sonst in der überwiegenden Anzahl unvollendet bleiben müssten. Durch Geld wird der zunächst unteilbare Sachgütertausch teilbar. Durch die mannigfache Ausweitung der Arbeitsteilung „wird ... diese Teilbarkeit des Tausches ins Unbegrenzte vermehrt" (Gossen 1854). Darin ist begründet, dass Geld das bedeutendste Handelsgut nicht nur des Marktes überhaupt, sondern auch eines *freien* Marktes ist.

Geld hat im Vergleich zu anderen Gütern einen sehr hohen Liquiditätsgrad. Dieses Merkmal bewirkt, dass jeder Geldbesitzer eine nahezu unbegrenzte Anzahl von Handelspartnern kontaktieren kann. Das bedeutet: Die mit dem Geld gegebene weitreichende Vergütungsmöglichkeit bietet ein hohes Maß an Freiheit für das Agieren am Markt, dies vor allem dann, wenn es mit einem global einheitlichen Wertmaß gemessen wird. Obwohl es den weltweiten Handel bereits gibt, haben wir das dazu passende Wertmaß noch nicht. Das ist ein unverkennbares Defizit des Marktes, ein Defizit, das – um der allgemeinen Freiheit willen – nach Beseitigung drängt.

Das numerische Bewerten dokumentiert sich in Gestalt von *Preis*schildchen am Kaufgut. Preise geben ein Signal, an denen sich das menschliche Verhalten orientieren kann. Ein Preisschildchen signalisiert: Ich (der Verkäufer) oder Wir (der Markt) haben das Kaufgut mit 10 € bewertet: Zähleinheit „10", Wertmaß „Euro". Dies ist jetzt sein Preis. Willst Du (Käufer) das Gut erwerben, musst Du deinerseits ein Gut, z. B. Geld oder irgendetwas anderes berappen, und zwar ebenfalls zum Wert von 10 €.

Das Signal solcher „Gleichwertigkeit" besagt aber nichts in Bezug auf den wirklichen Handelsvollzug. Damit ein solcher zustande kommt, müssen die Handelspartner die numerisch gleichwertigen Güter subjektiv unterschiedlich bewerten. Das Geld mit dem Aufdruck 10 €, das ich in der Hand halte, muss mir momentan als weniger wertvoll erscheinen als das mit 10 € ausgepreiste Sachgut, das ich vor mir sehe. Sonst kaufe ich nicht. Jeder rational agierende Marktteilnehmer kauft erst dann eine mit 10 € ausgepreiste Ware, wenn sie ihm wertvoller erscheint als sein 10-Euro-Schein. Und dessen Handelspartner nimmt den 10-Euro-Schein nur deshalb gegen sein gleichbewertetes Sachgut an, weil – obwohl mit gleicher Wertaufschrift versehen – ihm dieser Schein wertvoller erscheint als sein Sachgut.

Im Laufe der Menschheitsgeschichte hat sich das *numerische* Bewerten durchgesetzt. Diese Bewertungsform hätte in vielen Fällen eigentlich eher zur Behinderung als zur Beförderung des Handels führen müssen. Denn wer oder was sollte mich veranlassen, z. B. einen Goldring, gemessen mit 30 Wertmaßeinheiten gegen ein Bild, gemessen mit nur 25 Wertmaßeinheiten, zu tauschen? Ohne die in Zahlen ausgedrückte Bewertung wäre ein solcher Tausch, dessen Asymmetrie bei numerischer Bewertung offenkundig ist, klaglos über die Bühne gegangen. Denn dann hätte ich nur überlegen müssen, ob das, was ich bekomme, mir persönlich wertvoller erscheint, als das, was ich hergebe. Mein Tauschpartner hätte für sich die gleiche Überlegung anstellen müssen.

Solche Abwägungen müssen die Tauschpartner auch bei numerischer Gleichwertigkeit der Tauschgüter vornehmen. Kein Tausch wäre möglich, wenn die subjektiven Werteinschätzungen bei Handelsgütern sich nicht unterscheiden würden –

trotz numerischer Gleichwertigkeit. „Beim Tausch gibt es keine Gleichwertigkeit. Im Gegenteil, es sind die Unterschiede, die den Tausch bewirken" (Ludwig von Mises, Nachdruck 2016). Wenn zwei Güter, die mit jeweils 100 Dollar bewertet wurden (also „wertgleich" sind) subjektiv nicht unterschiedlich bewertet würden, käme es niemals zum Tausch. Dazu kommt es nur, wenn *beide* Handelspartner zu der Überzeugung gelangen, dass das, was sie erhalten, wertvoller ist als das, was sie hergeben (win-win-situation). Andernfalls tut sich gar nichts am Markt.

Vor dem Hintergrund numerischer Preisfestsetzungen könnte man jene Tauschgeschäfte, die auf bloß subjektiven *qualitativen* Bewertungen beruhen, mit gutem Grund als irrational bezeichnen. Aber in den Augen der jeweiligen Tauschpartner sind sie das keineswegs. Jeder strebt auf ganz rationale Weise seinen eigenen Vorteil an. In der Regel fühlen sich nach abgeschlossenem Tausch/Kauf beide Handelspartner besser gestellt als vorher – falls nicht im Nachhinein eine „böse Überraschung" die Stimmung verdirbt. Jedenfalls hatte vor einem Kauf jeder frei entscheiden können, und zwar aufgrund seiner subjektiven Bewertung. Er hätte auch „Nein" sagen können.

Sollte ein Handelspartner bei einem Geschäft eine Fehlentscheidung getroffen haben, kann er dies normalerweise nicht mehr rückgängig machen. Denn sein Tauschgut ist mit Vollzug des Geschäfts nicht nur in den *Besitz*, sondern auch in das *Eigentum* seines Handelspartners übergegangen und damit in dessen sozial sanktionierte Herrschaft (zum Wesensunterschied zwischen Besitz und Eigentum s. Verf., 2023a).

Die Stückelung des Kaufguts in Bewertungseinheiten und seine quantitative Erfassung findet meistens schon vor dem Kauf und manchmal sogar jenseits aller Kaufabsichten statt („Sachwert"-Ermittlung). Sie konkretisiert sich aber erst und ändert sich vielleicht noch einmal im Kaufvollzug („Verkehrswert schlägt Sachwert"). Insofern gibt nicht nur der Angebotspreis, sondern vor allem der Nachfragepreis das Maß für den Wert eines Gutes ab. Monopolgüter bilden hier eine Ausnahme (s. Verf., 2023).

Ein Preis ist ursprünglich nichts Quantitatives. Auf dem Markt bezeichnet er die Wertqualität dessen, was hergegeben werden muss, um einen anderen Wertgegenstand zu erlangen. Bei der Preisverleihung (Pokal) an einen Züchter oder einen Sportler steht die Qualität und nicht die Quantität der Leistung im Vordergrund. Diese mag oft in Größen, z. B. in Längen- oder Gewichtsmaßeinheiten, gemessen, also quantitativ ermittelt worden sein. Bei der Verleihung des Pokals tritt das jedoch in den Hintergrund. Hier geht es um die Qualität der Leistung. – Die Quantifikation hat zwar Folgen für die Preisbildung. Diese setzt aber voraus, dass bereits qualifiziert worden ist. Das quantitative Bewerten (etwa bei der Preisbildung; Preis kommt von lateinisch pretium = der Wert!) steht der qualitativen nicht voran, sondern diese ermöglicht es erst.

Friedrich von Wieser (Nachdruck 2016) und Georg Simmel (1987) haben gezeigt, wie die zunächst nur subjektiv bewerteten Güter über die Numerik Eingang in die *inter*subjektive Sphäre des Marktes finden. Am Markt unterliegen die Güter allgemeinen quantitativen Bewertungen. Die bekunden sich in den *Marktpreisen*. Die Marktpreise verbürgen so etwas wie „Objektivität". Sie stellen eine Art Gleichgewicht zwischen den geforderten Anbieterpreisen und den gebotenen Abnehmerpreisen her – mit relativ geringem Veränderungspotenzial. Deshalb erscheinen die Wertfestsetzungen des Marktes dem einzelnen Marktteilnehmer oft als vollendete Tatsache, auf die er keinen Einfluss zu haben glaubt. Die individuelle Freiheit bei der Preisverhandlung wird durch den Marktpreis zwar nicht beseitigt, aber doch mehr oder weniger eingeschränkt.

In der Sphäre der intersubjektiven Wertfestsetzungen des Marktes verharren die Güter solange, bis sie nach erfolgtem Erwerb wieder in die persönliche Sphäre eines Wirtschaftssubjekts mit seinen individuellen Wertvorstellungen gelangen. Aus dem Tauchbad der Intersubjektivität zurück in den subjektiven Bereich, werden sie vom Erwerber aber nicht mehr unabhängig vom Marktpreis bewertet werden können – und übrigens auch nicht bewertet werden wollen. Denn z. B. das Protzen mit einem teuer erstandenen Gemälde speist sich aus der Intersubjektivität der am Markt gängigen Bewertung von Kunstwerken. In solchen Fällen ist der Tauschwert (Marktpreis) Richtschnur für den Gebrauchswert (für das Protzen). Ein Fundierungsverhältnis dieser Art kommt neuerdings immer öfter zum Tragen.

Zahlen ermöglichen eine numerische Bewertung. Daraus bilden sich die Preise. Dabei erfährt das Wort „Preis" eine Abkehr vom ursprünglichen Sinn (pretium = „Wert"; s. o.). So verstehen wir heute im täglichen Umgang unter „Preis" etwas, das z. B. auf einem Warenpreisschild wie eine Eigenschaft dem Sachgut angeheftet ist. Auf diese Weise kann ein Gut problemlos in den Tausch mit einem gleichfalls numerisch bewerteten anderen Gut treten – meist mit Geld. Ob der Handel dann auch wirklich stattfindet, hängt von der subjektiven (*nicht quantitativen!*) Bewertung der zum Austausch anstehenden Güter ab. Ein mit 10 € bewertetes Gut wechselt niemals den Besitzer gegen ein ebenfalls mit 10 € bewertetes anderes Gut, wenn die Tauschpartner die 10 € bei dem einen Gut nicht höher einschätzten als bei dem anderen (s. o.). Bei der Kaufentscheidung sind 10 € eben *nicht* gleich 10 €!

Die Art der beim Bewerten vorgenommenen quantitativen Zuordnung (= Abbildung auf die Zahlenreihe) ist veränderlich, z. B. bei den Sachgütern der Preis. Die Veränderungen werden vom Markt bestimmt, was hier vorläufig außer Betracht bleiben kann (s. aber Abschn. 2.6 ff.). Wir halten nur die Gegebenheit der Zuordnung fest. Dabei werden die Sachen mit Wertquanten wie mit einer eigenen Qualität versehen. So gelangen sie in den Handel.

Welche vertrackten inneren Abläufe ein Bewerten auch immer begleiten mögen, wir halten hier nur das Faktum des Bewertens selbst fest und den Umstand, dass es sich numerisch manifestieren, also quantifiziert werden kann. Der Bewertungsakt mag noch so subjektiv sein. Man kann ihn dennoch quantifizieren und auf dieser Basis einen geordneten Handel treiben.

An dieser Stelle sei noch einmal eindringlich darauf hingewiesen: Geld ist nicht das originäre Wertmaß. Die vom Geld völlig unabhängigen Wertmaße messen – neben vielen anderen Dingen – *auch* das Geld. Zwar kann eine bestimmte Geldmenge mit 10 € bewertet werden. Das Faktum „10 €" wird aber dadurch nicht zu Geld! Die 10 € werden dem Geld lediglich *zugesprochen* – gewissermaßen wie ein Merkmal *angeheftet!* Erst im Nachgang an dieses Anheften kann Geld zum Wertemessen verwendet werden – wie übrigens jedes andere quantitativ bewertete Tauschgut auch. Man denke an die Zigaretten nach dem letzten Weltkrieg oder nach dem Untergang der Sowjetunion (s. o.). Sie waren zu jenen Zeiten zu durchaus praktikablen Wertmaßen geworden und in dieser Funktion sogar begehrter als die bedruckten Scheine.

2.5.2.3 Die Banken als Bonitätsprüfer

Normalerweise müsste ein Handelspartner als Kreditor die Bonität seines Gegenübers selbst prüfen, wenn er irgendwelche Schuldbescheinigungen als Zahlungsmittel akzeptiert. Das erledigt beim Handel mit Geld das Bankensystem für ihn. Durch sein Einspringen bewirkt es, dass die Handelspartner bei ihren Tauschakten mit minimalen Transaktionskosten davonkommen – und das sind vor allem Bonitätsprüfungskosten.

Die Lieferanten von Sachgütern erwarten als Gegenleistung im Tausch nicht nur Geld, sondern Geld, dessen Deckung gewährleistet ist. Eine solche Gewähr können nur Institute geben, welche die Bonität der Debitoren bei der Geldschöpfung sachgerecht prüfen. Die Banken nehmen die Bonitätsprüfungen anlässlich der Vergabe von Darlehen vor, oder beim Ankauf von Wertschriften. Ob sie dies ordnungsgemäß tun oder nicht, man erwartet es jedenfalls von ihnen. Denn sie sind gehalten, die Substanz der Finanzmittel zu sichern (s. Abschn. 2.5.2.1).

Die Professionalität einer Bank erkennt man an ihrer Fähigkeit zur realistischen Werteinschätzung der von ihren Darlehensnehmern abgegebenen Schuldentilgungsversprechen, und das heißt: an der Fähigkeit zur realistischen Werteinschätzung der als Deckung hinter den Versprechen stehenden Vermögen. Darin besteht dann *ihre* Bonität. Sie muss „gut" sein, die Qualität von Tilgungsvermögen kompetent zu beurteilen. Nur so kann sie bewirken, dass es keine Tilgungsausfälle gibt und das heißt letztlich: keine Güterengpässe am Markt (s. Abschn. 2.6.2 f.).

Die Bonität der Banken ist aber nicht nur für die Geldschöpfung von Interesse, sondern auch für den Interbankenverkehr. Dieser Verkehr ist so eingerichtet, dass bei Geldüberweisungen die Hausbank der Geldschuldner an die Gläubigerbank den Befehl erteilt, dem Gläubiger das geschuldete Geld auszuzahlen. Alle Banken, die am Interbankenverkehr teilnehmen, haben sich zur Ausführung solcher Befehle verpflichtet. Dafür erhalten sie das Recht, eine entsprechende Geldforderung gegen die befehlende Bank geltend zu machen. Deshalb müssen sie wissen, ob die befehlende Bank in der Lage ist, die Forderung zu erfüllen, mit anderen Worten, ob sie bonide ist. Heute bürgt für die Bonitäten der Geschäftsbanken eine Zentralbank. Die trägt Sorge, dass bei allen Geschäftsbanken, die am Interbankenverkehr teilnehmen, ausreichend Liquiditätsreserven vorhanden sind.

Zu Zeiten, da noch Ziegen die Funktion eines Zahlungsmittels hatten, genügte der Augenschein zur Bonitätsermittlung. Bei den heutigen Prüfungen ist der Vorgang kompliziert. Dort geht es darum, die Werthaltigkeit aller möglichen, zum Teil schwer überschaubaren Vermögen eines potenziellen Schuldners zu erfassen. Weil die Bonität der Geldschuldner eine über den Markt vermittelte ist, muss sich die Bonitätsprüfung vor allem auf deren Rolle als Marktteilnehmer konzentrieren. Das macht die Prüfung schwierig und setzt profunde Wirtschaftskenntnisse voraus.

Da dem Geld immer das Leistungspotenzial einer Geldnutzergemeinschaft als Deckung zugrunde liegt, sind alle Versuche, die Deckung des Geldes im allgemeinen Sachenbesitz zu verankern (z. B. Wagemann 1932) oder an einen sogenannten „Warenkorb" zu binden (z. B. Hayek 1977), zum Scheitern verurteilt. Das auf dem Wege der Kreditierung entstehende Geld *ermöglicht* oft erst Sachenbesitz und „Warenkörbe", indem es ein Leistungspotenzial sich entfalten hilft.

2.5.2.4 Die Banken als Tauschinitianten

Das weitaus meiste Geld, was privat gehortet, also dem Markt entzogen wird, sammelt sich bei Banken. Das dort gehortete Geld wird zum großen Teil auf dem Kreditwege an Marktteilnehmer aller Art weitergereicht, also wieder in den Markt eingeleitet. – Im Idealfall wird voll gedecktes Geld verwendet.

Das Bankensystem akkumuliert einerseits Aktiva, die sofort abrufbar sein müssen. Dafür muss es Reserven vorhalten. Es kann also nicht alles bei ihm gelagerte Geld weggeben. Denn vieles davon gehört solchen Bankkunden („Nichtbanken"), die jederzeit flüssig bleiben müssen. Andererseits muss das System in der Lage sein, auf Anforderung längerfristige Darlehen zu vergeben. Das kann es nur mit langfristig angelegten Kundengeldern geschehen oder mit Geld, das es auf dem Kreditweg selbst erzeugt.

Banken als autarke Geldschöpfungsgebilde, das sieht nicht jeder so. Der ehemalige Finanzminister einer der wichtigsten Wirtschaftsnationen der Welt verblüffte das Publikum einstmals mit seiner entwaffnenden Bankenphilosophie. „Der eine spart, der andere braucht Geld, das er noch nicht hat. Das muss organisiert werden. Das nennt man Bank. So einfach ist das" (Wolfgang Schäuble in der Zeitschrift STERN, Nr. 48/2008).

Das Bankensystem tritt zunächst als bloßer Vermittler von Geld auf, das bereits am Markt existiert. Da hat der soeben Zitierte zweifellos Recht. Das ist aber eine sehr vordergründige und eher nebensächliche Funktion und insofern geldtheoretisch trivial. Das Bankensystem kann mehr als das. Es kann Geld *erschaffen* (s. dazu vor allem Abschn. 2.5.3).

Wir erinnern uns: Im direkten Sachgütertausch ist ein Kreditor immer jemand, der ein Gut liefert, wobei er die Gegenlieferung mit einer gewissen Zeitverzögerung akzeptiert (Abschn. 2.3). Er kreditiert seinen Tauschpartner so lange, bis die Gegenlieferung erfolgt, d. h. bis eine reguläre Bezahlung stattfindet und das vom Belieferten abgegebene Zahlungsversprechen eingelöst wird. Was folgt daraus für die Rolle der Banken, die sie innerhalb der Handelsvollzüge des Marktes spielen? – Das gesamte Bankensystem tritt genau wie die einen Zahlungsaufschub gewährenden Sachgutlieferanten als Kreditor auf. Im Unterschied zu diesen sind sie *nicht Kreditoren ersten, sondern Kreditoren zweiten Grades*. Was bedeutet das?

Zunächst ist immer ein Sachgutlieferant Kreditor seines Kunden („Kreditor ersten Grades"). Besteht der Lieferant auf sofortiger Bezahlung mit Geld und sein Tauschpartner kann diese nicht leisten, dann wird das Geschäft entweder platzen oder der Belieferte findet jemanden, der für seine Zahlungsverpflichtung einspringt. Dieser Jemand schiebt sich quasi *zwischen* die beiden Tauschpartner. Als Zwischenglied löst er die Kreditierung ersten Grades ab und ersetzt sie durch eine eigene. Das ist dann eine Kreditierung zweiten Grades. Bei der Kreditierung zweiten Grades wird Geld ausgereicht. Durch sie wird die Zahlung an den Sachgutlieferanten ohne zeitlichen Aufschub möglich. Kreditor zweiten Grades ist nicht immer, aber meistens eine Bank. Sie vergibt Darlehen. Im Darlehensvertrag ist das Schuldentilgungsversprechen des zahlungsverpflichteten Handelspartners enthalten, welches die Bank zu Geld macht.

Wird mit Geld aus Darlehen bezahlt, dann ist eine Primärschuld (zwischen Güterlieferant und Güterempfänger) durch eine Sekundärschuld (die Darlehensschuld) ersetzt. Bernard Schmitt (1978) unterscheidet daher eine Schuld ersten Grades (Kaufschulden) von einer Schuld zweiten Grades (Darlehensschulden). Die Schulden zweiten Grades tilgen die Schulden ersten Grades. Schiebt sich nämlich eine Bank in das primäre Schuldverhältnis zwischen Güterlieferant und Güterempfänger, sodass sie dem Güterlieferanten das Geld als Gegenleistung für seine Leistung via Darlehen *sofort* zur Verfügung stellt, dann übernimmt sie an dessen Stelle die Kreditorenrolle.

Die Bank bewirkt eine *Ersatzkreditierung*. Sie schiebt sich als Drittpartner des Tauschgeschäfts zwischen Gläubiger und Schuldner (Funktion einer „Intermediärin"). Sie wirkt dabei nicht nur in dem gewöhnlichen Sinne als Vermittlerin, dass sie Geldeinleger (Sparer) und Geldleiher zusammenbringt (s. u. Abb. 2.4 I.), sondern auch in dem viel direkteren Sinne, dass sie Tauschgutlieferant und Tauschgutempfänger überhaupt erst zu solchen *macht,* sie zu einem gemeinsamen Geschäft *befähigt* (s. u. Abb. 2.4 II.). Das Tilgungsversprechen, das ursprünglich seinen Ort im Tauschakt zwischen zwei Realgutlieferanten hatte, wird via Bankdarlehen zur Sache zwischen Darlehensnehmer und Bank.

So ermöglichen die Banken ein stromlinienförmiges Tauschen. Dabei treten sie nicht nur als *Geld*vermittlerinnen (s. o.) in Aktion, sondern auch als *Geschäfts*vermittlerinnen, quasi als Kupplerinnen zwischen den Handelspartnern. Insofern sind sie nicht nur Gelddurchlaufstationen: Mittlerinnen zwischen Sparern/Refinanzieren und Unternehmen/Endkonsumenten, sondern auch Mittlerinnen in dem Sinne, dass sie viele Handelspartner erst zu solchen machen. Durch ihre Aktivitäten er-

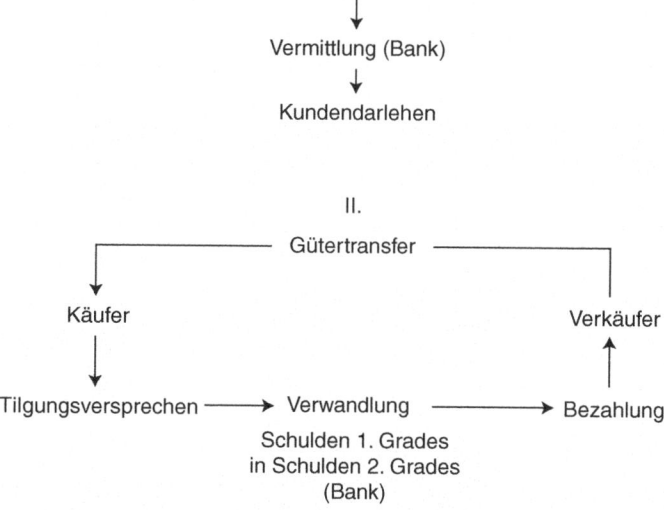

Abb. 2.4 Bank als zweifache Intermediärin: I. Vermittlerin von Geldeinlagen; II. Mittlerin zwischen Käufer und Verkäufer

möglichen sie die Abwicklung von Tauschgeschäften, die ohne sie nicht zustande kämen. Sie ermöglichen *Sofortzahlungen*.

Bei der Zwischenschaltung von Bankdarlehen in den Tauschverkehr passiert im Grunde nichts anderes als eine Verschiebung der Kreditorenrolle (und damit auch des Zinsanspruchs; s. Abschn. 3.4) auf die Banken. Aufgrund des Einspringens darlehensgebender Banken braucht ein Lieferant nicht auf die Gegenlieferung warten, sondern erhält sie sofort bei Lieferung – in Form von Geld.

2.5.2.5 Die Deckung des Geldes

In Abschn. 2.3 hatten wir die Frage nach der Deckung von Tilgungsversprechen erörtert. Es stellte sich heraus, dass die Deckung der Sicherheitsgeber für alle Kreditverhältnisse darstellt. Insofern müsste die Deckung eigentlich im Mittelpunkt aller geldtheoretischen Aussagensystemen stehen. In deren Kontext führt sie aber ein kümmerliches Dasein. Zu schnell wird das Gelddeckungsproblem „unter den Tisch gekehrt". Es konnte deshalb bisher keiner vernunftgerechten Lösung zugeführt werden. Das führt zu schlimmen Auswüchsen in der Finanzpraxis (s. Abschn. 2.6 ff.). Deshalb hebe ich den Begriff „Deckung" in meinen obigen Gelddefinitionen besonders hervor. Ich will damit zeigen, dass sie ein unabdingbarer Teil der *Wesens*struktur des Geldes ist und dass es gravierende Folgen hat, wenn man sie nicht beachtet. Auch in neueren Veröffentlichungen konnte man sich nicht dazu entschließen, die Gelddeckung in den Fokus zu rücken. Ohne Deckung kann Geld jedoch nicht das sein, was es eigentlich sein sollte: Lückenfüller in der Realwirtschaft.

Die Deckung ist bereits ein Attribut der Schuldentilgungsversprechen, auf deren Fundament Geld ruht. Denn diese Versprechen müssen eingehalten werden, sofern es nicht zu sozialen Misshelligkeiten und Verwerfungen kommen soll. Insofern ist schon hier, und in der Folge bei jeder Schöpfung von Geld, eine Bonitätsprüfung notwendig. Es sei denn, man hat die Absicht, Tauschmittel auf den Markt zu bringen, die keine substanzhaltigen Schuldscheine sind, wie etwa die „Kryptos". Emotional-euphoristische Ausrufe wie „bitcoin is love" und „I'm living the bitcoin dream" (Max Keiser) lassen darauf schließen, dass man bei „Kypto"-Währungen gern auf die etwas trockene und komplexe Thematik „Gelddeckung" zu verzichten bereit ist.

Die Substanz eines Tilgungsversprechens ist immer nur das, was eine Bonitätsprüfung ermittelt. Ein Tilgungsversprechen sollte stets durch Leistungspotenziale vollständig gedeckt sein. Damit wäre nicht nur das dem Gelde zugrunde liegende Versprechen, sondern auch das Geld, was auf ihm ruht, durch Leistungspotenziale gedeckt. Das war schon immer so, auch zu Zeiten der sogenannten Golddeckung. Denn auch schon damals war es nicht eigentlich das Gold, das zur Deckung diente, sondern das *Potenzial, Gold im Bedarfsfall zu liefern*. Dass dieses Potenzial kaum umfänglich vorhanden war, also bei den früheren Banknoten meistens eine Unterdeckung bestand, ist eine andere Sache.

Für Argentarius (1921), einer der wenigen Geldtheoretiker, die auch Geldpraktiker waren, und der deshalb dem Wesen des Geldes viel näherstand als große Teile der etablierten Wissenschaft, ist eine zugrundliegende *Leistung* die Deckung des Geldes. Den Zusammenhang zwischen Gelddeckung und Leistungspotenzial hat er allerdings noch nicht gesehen. Die wesentliche Korrelation „Gelddeckung – Liefer- bzw Leistungspotential" wurde spätestens 1971 zumindest untergründig erahnt. Diese Ahnung war wohl der Auslöser, den sogenannten „Goldstandard" abzuschaffen. Die USA waren damals nicht mehr in der Lage, für alle weltweit kursierenden Dollars Gold in dem Umfang zu liefern, zu dem es der Markt bewertete.

Der sogenannte „Goldstandard" war eigentlich immer schon eine willkürliche Festsetzung des Goldpreises mit Hilfe eines bestimmten Wertmaßes (dem Dollar). Diese sogenannte „Parität" war niemals eine wirkliche Volldeckung. Sie war ein Gewaltakt gegen die Kräfte des Marktes. Sie wurde am Ende ja auch durch diese Kräfte gesprengt. Kein aufgeklärter Marktteilnehmer hat dieser Sprengung je eine Träne nachgeweint. Den Goldpreis regeln seit 1971 Angebot und Nachfrage, und zwar immer innerhalb einer bestimmten nationalen Währung.

Die Geldschöpfung ist die Materialisierung von Schuldentilgungsversprechen. Und das war sie seit eh und je. Früher wurden diese Versprechen nur in Bezug auf Edelmetalllieferungen abgegeben. (Das sieht man heute noch an den Aufdrucken der englischen Pfundnoten.) Und weil inzwischen ein *beliebiges* Leistungspotenzial von real wirtschaftenden Menschen die Tilgungsversprechen abdeckt, auch die der Banken, ist dieses auch die Deckung des aus ihnen erwachsenden Geldes. Ordentliches Geld wird also, wie jeder bei der Bonitätsprüfung anlässlich einer Darlehensvergabe beobachten kann, nicht aus Luft gemacht, sondern auf der Basis wirklich vorhandener Potenziale. Geld qua Kreditgeld kommt nicht aus gähnender Leere, ist keine „Schöpfung aus dem Nichts", sondern basiert auf der Fülle vorhandener Leistungspotenziale bzw. auf solchen, deren Vorhandensein angenommen wird. Das heutige Geld ist kein „ungedecktes Luftgeld" („Fiatgeld"), jedenfalls nicht im Normalfall (s. aber Abschn. 2.6.2 f.).

Die im Zusammenhang mit der Geldschöpfung oft vorgetragene These, Geld „entsteht aus dem Nichts" beruht auf der kompletten Verkennung der Fakten. Ist denn ein abgegebenes Tilgungsversprechen ein Nichts? – Ein *materielles* Nichts sicherlich, aber doch kein *absolutes* Nichts. Ein materielles Nichts ist übrigens oft nicht nur das Tilgungs*versprechen*, sondern auch das Tilgungs*vermögen*, das es deckt.

Ein solches Vermögen *kann* – muss aber nicht – als handfester Gegenstand vorliegen, etwa in Form eines Zertifikats (als Meisterbrief eines jungen mittellosen Kreditnachfragers oder als Approbationsurkunde eines nach Praxisdarlehen ersuchenden Arztes). Es erscheint zwar in materieller Hinsicht als Nichts. Ein Fähigkeitsnachweis dokumentiert jedoch kein absolutes Nichts. Denn das darin zertifizierte Leistungspotenzial ist zweifellos vorhanden, also ein Etwas. Es lässt sich eben nur nicht anders als in *symbolischer Form* materialisieren (als schriftliches Dokument). So erscheint es zwar vergegenständlicht (materiell vorhanden), aber – wie der Meisterbrief – nur als Druckerschwärze auf einem Blatt Büttenpapier.

Das Geld einer Kreditgeldwirtschaft entsteht niemals aus dem Nichts, sondern auf einem Fundament, das bereits da ist, nämlich in Form von vorhandenem, aber noch nicht aktiviertem Sein. Geld erwächst schon deshalb nicht aus dem Nichts, weil es eine Schuldbescheinigung ist. Hinter jedem ordentlich geschaffenen Geld steht ein Schuldner mit seinem Leistungspotenzial.

Für die oft geäußerte These von der totalen Deckungslosigkeit der heutigen Geldwirtschaft fehlt jeder Beleg. Selbst das Staatsgeld (Bargeld) hat eine Deckung, allerdings eine, die sich nicht Jedem sofort erschließt (s. Abschn. 2.5.2.6). Die Elitedenker der „Geld aus dem Nichts" – Theorie nehmen einfach nicht wahr, was jeder Kreditnehmer beim Umgang mit Banken erlebt: das Erfordernis der Bonität als Voraussetzung für eine Darlehensvergabe bzw. (im Falle des Ankaufs von Wertschriften) das Erfordernis der Werthaltigkeit der dahinterstehenden Güterlieferpotenziale.

Dass die Bonitätsprüfung oft nachlässig, unprofessionell und schlampig erfolgt, vernichtet in Friedenszeiten kein Vermögen. Es bewirkt jedoch eine unfreiwillige Vermögensumverteilung, und zwar meistens zugunsten der unproduktiven Klassen der Gesellschaft. Die Umverteilung geht zuweilen soweit, dass die produktiven Klassen leiden und die unteren Bevölkerungsschichten in Armut versinken (siehe dazu die Abschn. 2.6 ff.).

Geld entsteht aus einer versprochenen Realisierung von *Können*, also aus etwas *Bestehendem*! Nur bei fehlender oder mangelhafter Bonitätsprüfung und den daraus erwachsenden Folgen (Ausfall nicht nur des Debitors, sondern auch des Kreditors) kann Geld auf den Markt gelangen, das auf einem Nichts beruht. Dann fehlt ihm jegliche Deckung. Alle Erzeuger von Geld, die nicht tilgen können, bringen Geld in Umlauf, das nicht gedeckt ist.

Die Deckung des Geldes, also das Leistungspotenzial (Schuldentilgungspotenzial) der Darlehensnehmer ist jenes Attribut, das die Finanzwirtschaft mit der Realwirtschaft verbindet. *Die Gelddeckung ist der Integrationspunkt zwischen Finanzwirtschaft und Realwirtschaft.* Wo die Deckung des Geldes fehlt, fallen Finanzwirtschaft und Realwirtschaft auseinander, mit oft fatalen Folgen. In der Wirtschaft entsteht eine Wertschöpfungslücke, die nicht gefüllt werden kann. Dadurch entsteht ein Finanzmittelüberhang am Markt (s. Abschn. 2.6.2).

Bei der Gelddeckung spielt auch der Gesichtspunkt der *Sicherheit* eine große Rolle. Es ist nämlich nicht garantiert, dass für eine Lieferung die versprochene Gegenlieferung jemals erfolgt oder eine Darlehenstilgung jemals geleistet wird. Tauschgeschäfte, die nicht sofort endgültig abgeschlossen werden können, sind daher stets mit einem Risiko behaftet. Um das Risiko zu mindern, verlangt der Kreditor ein *Pfand*. Das Pfand wird oft in Form einer Hypothek auf einem (bebauten oder unbebauten) Grundstück gestellt. Kann – aus welchen Gründen auch immer – nicht mehr geliefert oder getilgt werden, wird das Pfand „verwertet", d. h. es wird meistbietend verkauft/versteigert. Mit dem Verkaufserlös wird die noch ausstehende Schuldentilgung abgeschlossen. Bei Kreditnehmern, die nichts zu verpfänden haben, verbindet der Kreditor die Kreditvergabe oft mit einem sogenannten *Verwendungsvorbehalt*. Ist ein solcher nicht realisierbar, wird das Darlehen mit einem besonders hohen Zins belastet (s. Abschn. 3.4).

2.5.2.6 Das Bargeld (Staatsgeld)

Eine besondere Form des Währungsgeldes ist das *Bargeld*. Bargeld liegt in Gestalt von Münzen und Banknoten vor. Heutzutage ist nur ein kleiner Teil des Geldes als Bargeld im Umlauf. Gerade einmal 8 % der Eurogeldmenge M3 ist Bargeld. Setzt man das Bargeld in Relation zur Menge *allen* Geldes, wozu jede Form von „Near Money" gehört, dann geht sein Anteil an der Menge der Finanzmittel weiter gegen Null. Es ist im Zeitalter des elektronischen Zahlungsverkehrs zwar auch noch auf dem Markt, aber nur am Rande. Münzen und Noten, also Bargeld, sind wohl auch Geld. Aber Geld besteht zum weitaus größten Teil aus Giral- und „Plastikgeld".

Trotzdem: Wenn wir im Alltag über Geld sprechen, dann assoziieren wir meistens das, was sich in unseren Portemonnaies befindet, nämlich Bargeld. Bargeld ist reines *Staatsgeld*. Es sind nicht mehr – wie früher – die Geschäftsbanken, sondern allein die dem Staat eigenen Banken (die Zentralbanken) die dieses Geld emittieren. Dagegen ist das auf den Geschäftsbankenkonten umlaufende Geld kein Staatsgeld, sondern *Wirtschaftsgeld*. Es wird in Wirtschaftsprozessen erzeugt (Mises 1980). Es entsteht ausschließlich aus Schuldentilgungsversprechen.

Die Münzen des Bargelds hatten ursprünglich einen hohen Eigenwert, weil sie aus Edelmetall bestanden. Deshalb brauchten sie keine Deckung. Sie waren ja selbst wertvolle Ware. Beim Tausch mit ihnen handelte es sich also im Grunde um einen reinen Sachgütertausch, so wie er von Anfang an unter Menschen üblich war: Edelmetall gegen z. B. Nahrungsmittel.

Noten hingegen, die seit eh und je aus billigem Papier bestehen, brauchten eine Deckung. Das sollten ursprünglich zunächst die Edelmetalle sein. Die hatten die Banken einstmals angeblich in Unmengen in ihren Tresoren. Die (Voll-)Deckung der Noten soll darin bestanden haben, jederzeit auf Wunsch Edelmetall liefern und damit die auf der Note lastende (und übrigens auch auf ihr verzeichnete!) Schuld tilgen zu können.

Ein solches Lieferpotenzial hat aber niemals umfänglich bestanden. Eine Volldeckung von Geld war schon von Beginn an immer nur dann erreichbar, wenn neben den edelmetallhaltenden Banken auch die Bankkunden dafür sorgten: etwa durch Verpfändung ihrer Vermögen bei der Darlehensaufnahme. Diejenigen, die behaupten, dass eine Volldeckung des Geldes durch Gold oder Silber früher einmal existiert habe, müssen beweisen, dass die damaligen Banken nur jeweils so viele Noten herausgegeben hatten, wie sie an Eigenvermögen in Form von Gold oder Silber im Keller hatten.

Auf den früheren Banknoten war zwar das Versprechen aufgedruckt, die Noten jederzeit in Edelmetall umzutauschen. (Aus einem offenbar skurrilem Traditionsbewusstsein heraus tragen die englischen Banknoten diesen Aufdruck heute noch, sogar unterschrieben vom Chef der Zentralbank!) Aber das konnten die Banken immer nur teilweise. Sie gingen davon aus, dass niemals alle Notenbesitzer gleichzeitig ihr Geld in Edelmetall umtauschen wollten. Das war ein Irrtum, wie sich mehrfach erwiesen hat. In finanziellen Grenzsituationen wurde offenbar, dass die Banken ihre Versprechen, Edelmetall für *jeden* ihrer emittierten Geldscheine liefern zu können, nicht halten konnten. Die damaligen Bankversprechen waren zweifellos Unwahrheiten. Immer dann, wenn alle Geldbesitzer ihre Scheine in Metall umtauschen wollten, kam die Unwahrheit ans Licht: die Banken crashten. Das angeblich mit Gold voll gedeckte Notengeld gab es wohl nie. Es bestand immer nur im Kopf einiger Geldtheoretiker.

Nun wollen eilfertige „Experten" herausgefunden haben, dass das heutige Staatsgeld (Bargeld) im Gegensatz zu früheren Geldnoten nicht nur unzureichend, sondern *überhaupt* nicht gedeckt sei. Über das Staatsgeld sind deshalb die seltsamsten Behauptungen in Umlauf. Zum Beispiel heißt es: Staatsgeld sei willkürlich aus dem Nichts geschöpft (s. o.), sei reinstes „Luftgeld". Dieser Befund leuchtet zunächst ein. Aber bei näherem Hinsehen widerstrebt er der Faktenlage.

Im Unterschied zu den Banknoten vor dem ersten Weltkrieg existiert derzeit in der Tat kein Recht für die Inhaber und Benutzer des Bargelds, es direkt bei den Emittenten, etwa einer Zentralbank, gegen einen Sachwert, z. B. Edelmetall, umzutauschen. Das war zwar schon damals ein Märchen. Denn die Banken, auch die nationalen Zentralbanken, gaben immer schon mehr Geldscheine heraus als sie an Edelmetall als Deckungsmaterie besaßen. Aber einige „Geldtheoretiker" glauben:

In den „goldenen Zeiten der Nationalökonomie" hätte es nur Geld gegeben, das durch Edelmetall voll gedeckt war. Dem heutigem Banknotennutzer stehe deshalb, weil die Noten durch kein Edelmetall gedeckt seien, ein völlig tilgungsunfähiger Emittent gegenüber.

Für eine erkenntnisrelevante Aussage darüber, ob das Bargeld gedeckt ist oder nicht, ist folgender Sachverhalt wichtig: Bargeld wird nicht ohne Anlass hergestellt und ausgegeben. Der Anlass ist stets der Bedarf der Geldnutzer an der wirtschaftlichen „Basis". Besteht solcher Bedarf, dann gibt diese „Basis" ihrer Hausbank Order, bei der Zentralbank Bargeld zu beschaffen (sofern die Hausbank nicht Vorräte an Bargeld vorher schon im Tresor hat). Und die Bank tauscht das Giralgeld ihrer Kunden oder ihr eigenes Geld, in jedem Fall aber Wirtschaftsgeld, gegen die bei der Zentralbank hergestellten Geldscheine bzw. gegen die durch sie erworbenen Münzen um (das sogenannte „Münzregal" hat nur der Staat).

Kein einziger Cent an Bargeld verlässt die Zentralbank, für den nicht im Gegenzug Giralgeld (über eine Zwischenstation) an sie zurückfließt. Beim Bargeldfluss hinein in den Markt findet also nichts anderes statt als ein Austausch der Geldmaterie: Elektronik wird ersetzt durch Papier bzw. Metall. Bargeld ist nur eine andere Vergegenständlichungsform irgendwann einmal anderweitig (etwa bei der Darlehensvergabe durch eine Geschäftsbank) abgegebener Tilgungsversprechen. Und es ist durch jene Tilgungsvermögen gedeckt, die bei der Erzeugung früheren Geldes (des auf Girokonten vorhandenen Wirtschaftsgeldes) zugrunde gelegen hatten.

Im Gegensatz zu der Theorie, die das Staatsgeld als Basisgeld für alle anderen Gelder betrachtet, muss festgestellt werden, dass beim Staat gar kein neues Geld entsteht, sondern nur alternative symbolische Objektivationen anderwärts entstandener Gelder. Und diese Alternativen kommen erst dann auf den Markt, wenn der Markt danach frägt. Das Fundament allen Geldes sind stets jene Tilgungsversprechen, die bei den Tauschvorgängen des Marktes abgegeben und zu Wirtschaftsgeld werden. Grundlage für jedes Finanzwesen ist dieses Wirtschaftsgeld. Das Wirtschaftsgeld und nicht das Staatsgeld ist das eigentliche „Basisgeld", eben weil es an der „Basis" der Wirtschaftsgemeinschaft entsteht.

Der Staat kommt beim Geld erst dann ins Spiel, wenn jemand eine andere Objektivierungsform von Geld aus irgendeinem Grunde haben will und deshalb sein Giral-(Buch-)Geld umtauscht. Dass es am Markt neben anderen auch diese besondere (symbolische!) Objektivation von Schuldentilgungsversprechen gibt, nämlich Bargeld, ist für die Wesensstruktur der Geldschöpfung irrelevant.

Die Zentralbank fungiert also nicht nur in der Hinsicht als Wechselstube, dass sie verschiedene Nationalwährungen ineinander umtauscht, sondern auch in dem Sinne, dass sie Giralgeld (Wirtschaftsgeld) in Bargeld (Staatsgeld) verwandelt. Dabei wird dem Geld weder ein anderes Wertmaß zugeteilt (wie z. B. beim Devisengeschäft), noch „Geld willkürlich geschöpft". Sondern es wird dem (bereits vorhandenen!) Geld lediglich eine andere Gegenständlichkeit verliehen. Mit der Ausreichung von Bargeld wird nichts anderes geleistet als das Ausstellen einer Bescheinigung darüber, dass beim Umtausch im Gegenzug Giralgeld (Wirtschaftsgeld) hergegeben wurde.

Daraus folgt, dass Bargeld auf jeden Fall gedeckt ist. Dies allerdings auf eine Weise, die sich nicht Jedem sofort erschließt. Denn Bargeld stellt hinsichtlich seiner Deckung eine Ausnahme dar. Es ist nur *indirekt* gedeckt, also nicht unmittelbar durch vorhandene Leistungspotenziale. Es ist gedeckt durch das Giralgeld (Wirtschaftsgeld), das im Tausch dafür hergegeben wird. Was an Bargeld die Zentralbank verlässt, kommt im Tausch gegen Wirtschaftsgeld gleicher Wertstellung auf ihre Konten zurück. Mit diesem der Zentralbank zufließenden Wirtschaftsgeld, das ja selbst eine Deckung hat – zumindest haben sollte -, ist das Bargeld komplett gedeckt. Die Ansicht, dass Staatsgeld nicht gedeckt sei, berücksichtigt das Faktum nicht, dass dieses Geld stets mit Wirtschaftsgeld ertauscht werden muss. Und insofern ist es genauso gut oder schlecht gedeckt, wie das Wirtschaftsgeld selbst.

Ähnlich wie mit Bargeld verhält es sich mit gekauftem Kryptogeld. Dieses ist ebenfalls gedeckt, und zwar ebenfalls nur indirekt. Sofern diese (indirekte) Deckung nicht gesichert ist, ist auch die Deckung des Kryptogelds nicht gesichert. Aufgrund der Verkoppelung der Kryptocoins mit dem Währungsgeld übertragen sich alle Gesundheiten und Krankheiten des Währungsgelds auch auf das Kryptogeld. Wer nach der Deckung von Kryptocoins frägt, muss nach der Deckung des Währungsgelds fragen, mit dem es gekauft wird. Und so verhält es sich mit jedem anderen sogenannten „freien Geld", für das Währungsgeld hergegeben werden muss. Das heißt, substanzhaltige Finanzmittel *insgesamt* sind entweder selbst Wirtschaftsgeld oder mit (gedecktem) Wirtschaftsgeld unterlegt.

Dass Staatsgeld eine Deckung aufweist, war nicht immer so. Nach dem ersten Weltkrieg kam in Deutschland Bargeld auf den Markt, das jede Form von Deckung vermissen ließ. Bargeld war damals „Luftgeld" im wahrsten Sinne des Wortes. Es war reines Druckerzeugnis. Wohl die große Nachkriegsnot, aber auch die damals allgemein für richtig gehaltene Geldtheorie, die von Leuten wie Georg Friedrich Knapp (1905) entwickelt wurde, ließ die Geldschöpfer vergessen, was schon die mittelalterlichen Hansekaufleute und ihre norditalienischen Kollegen wussten: Jeder als Geld verwendete Schein sollte, wenn schon nicht durch das Liefervermögen von Edelmetall, so doch zumindest durch *irgendein* Liefervermögen gedeckt sein.

Eine Unterscheidung von Staatsgeld (Bargeld) und Wirtschaftsgeld (Kreditgeld) rechtfertigt sich allein dadurch, dass die staatliche Zentralbank eine alternative (symbolische) Materialisierung von Tilgungsversprechen bietet. Weil das so ist, kann Staatsgeld jederzeit wieder in Wirtschaftsgeld zurückgetauscht werden – wie früher in Gold. Davon machen die Ladenbesitzer Gebrauch, wenn sie ihr eingenommenes Kassengeld (Staatsgeld) allabendlich zur Bank tragen und dafür eine Gutschrift auf ihrem Girokonto erhalten. Diese Gutschrift basiert letztlich auf dem Rückfluss des ursprünglich der Zentralbank überlassenen Wirtschaftsgelds an die Geschäftsbanken.

Bei allem Verständnis für die Skepsis des ansonsten sehr schätzenswerten Murray Rothbard gegenüber Regierungen – seine Bemerkung, dass heutige Banknoten bloß „Papierschnitzel" seien, die von den sie erzeugenden Regierungen Geld genannt werden (2005), war sicher nicht seine intelligenteste. Dass hingegen die Staaten oft (dann allerdings nicht monetäre!) Finanzmittel auf den Markt bringen, deren Deckung nur behauptet, nicht aber vorhanden ist, wird niemand bestreiten. Das sind die sogenannten „Schrottpapiere". Ihre Emission ist aber keine echte *Wert*-Schriftenausgabe, sondern ein krimineller Akt. Das Bankensystem läd sich bei diesem Akt Mitschuld auf, sofern es diese „Papiere" erwirbt, um mit deren Weiterverkauf Gewinne zu machen (s. Abschn. 2.6.3).

2.5.3 Geldschöpfung und Geldvernichtung

Ein Kreditgeldsystem haben wir, wenn die in ihm zirkulierenden Finanzmittel insgesamt aus Krediten entstehen. Alles auf dem Markt befindliche Universalgeld ist Kreditgeld. Und es ist – wie wir aus Abschn. 2.5.2.6 lernen konnten – auch in Gänze Wirtschaftsgeld. Staatsgeld ist nur eine andere Materialisierungsform von Wirtschaftsgeld – als Alternative für den Handel an der wirtschaftlichen „Basis".

An Hand des Wirtschaftsgeldes sollen im folgenden Text die Vorgänge der Geldschöpfung und Geldvernichtung detaillierter als bisher erläutert werden. Dazu möchte ich die Aufmerksamkeit der Leser wieder auf die Geldschöpfung bei Banken lenken.

Wenn eine Bank kauft oder verleiht, tut sie das am liebsten mit selbsterzeugtem Geld. Sie praktiziert die sogenannte *„endogene Geldschöpfung"*. Denn nur so hat sie beim Ankauf den geringsten Aufwand bzw. beim Verleih den größten Gewinn. Aber auch ohne dies: Die „endogene Geldschöpfung" ist der Quell aller Währungsgeldproduktion. Ein modernes Finanzwesen wäre nicht denkbar, wenn sich die Banken bei ihren Geschäften allein auf Einlagen und Refinanzierungen beschränken müssten und keine eigenen Geldschöpfungsmöglichkeiten hätten. Einlagen und Refinanzierungen werden zwar genutzt, vor allem wenn der vom Gesetzgeber vorgeschriebene Selbstschöpfungsrahmen überschritten wird. – Und außerdem: Die ihr zugrunde liegenden Gelder waren einstmals selbst „endogen" geschöpft worden.

In Europa ist die Geldschöpfungskraft der Geschäftsbanken derzeit auf das 100fache der sog. „Pflichtreserven" begrenzt, die sie bei ihrer Zentralbank halten müssen. Einen solchen „Reserve"-Rahmen gibt es in einigen anderen Ländern nicht. Dort ist die Kreditierung allein durch das Leistungspotenzial der Darlehensnehmer und durch die Höhe des Eigenkapitals der Banken beschränkt. – Die Vorschrift, Pflichtreserven zu halten, bleibt allerdings auch dort bedeutungslos, wo sie nur 1 % der Kreditsumme beträgt, z. B. in Europa.

Bei der „endogenen Geldschöpfung" geben sich die Banken quasi selbst Kredit. Sie materialisieren Tilgungsversprechen, die sie bei sich selbst erzeugen. Daraus erwachsen Forderungen. Wer eine Forderung an sich selbst erzeugt, schafft damit zugleich eine Verbindlichkeit gegen sich selbst. Bilanztechnisch gibt es keine Forderung ohne Verbindlichkeit. Also erfolgt bei diesem Vorgang lediglich eine Bilanzverlängerung, d. h. es entsteht weder Gewinn noch Verlust. Die Bilanzverlängerung dokumentiert ein bankinternes Eigengeschäft.

Mit der Schaffung einer Forderung an sich selbst und einer Verbindlichkeit gegenüber sich selbst hat die Bank sich unter Tilgungsdruck gesetzt. Und so muss die Bank den für sich gewährten Kredit auch an sich selbst zurückzahlen, wenn sie ihre Bilanz wieder verkleinern will. Andernfalls würden durch bloße Geldschöpfungen unendliche Gewinne gemacht werden können.

Die Bank hat sich zur Schuldnerin ihrer eigenen Schuldverschreibung gemacht. So etwas Seltsames tut offenbar eine Bank, wenn sie bei einem Einkauf eine Forderung an sich selbst als Tauschobjekt benutzt. Mit diesen Forderungen haben die Banken die für ihre Ankäufe notwendigen Aktiva. Das heißt, bei ihren Käufen zahlen sie, falls sie keine in ihren Aktiven vorhandenen Eigenmittel einsetzen können oder wollen, mit Forderungen an sich selbst. Die „endogenen Geldschöpfung" dient den Banken dazu, in großem Stil Wertschriften aufzukaufen. Auch bei der Entgegennahme von Anleihen kommt sie ins Spiel.

Dabei tauscht eine Bank die für sich selbst erzeugte Forderung gegen jene Aktiva (Wertschriften), die anstelle dieser Forderung jetzt in ihre Bilanz eintreten (Aktiventausch). Die Verbindlichkeit sich selbst gegenüber bleibt passiv in der Bilanz – korrespondierend mit dem neu erworbenen Aktivum (Wertschriften). Die Forderung ist als Geldbetrag *direkt* in die Hände des Wertschriftenverkäufers gelangt. Vorher hätte sie eigentlich in der Bankbilanz verzeichnet sein müssen. War sie aber nicht. Dort erscheint unmittelbar die erworbene Wertschrift.

In der bei der Bank bilanzierten Verbindlichkeit dokumentiert sich das Tilgungsversprechen, das sie sich bei der Eigenkreditierung gegeben hat. Wenn sie aus dem Wertschriftenkauf direkt Gewinn machen will, steht sie unter Tilgungsdruck. Sie kann den Druck beseitigen, wenn sie jemanden findet, der ihr die Wertschriften abkauft. Weil die (passiv) verbuchte Verbindlichkeit die Bankbilanz belastet, darf niemand behaupten, die Bank würde sich bei diesen Vorgängen die Nase vergolden. Es ist wichtig, dass bei den Geschäften zumindest die Verbindlichkeit in der Bilanz erscheint und bis auf weiteres dort stehen bleibt. Wäre es nicht so, könnten die Banken sich durch Ankäufe der soeben beschriebenen Art innerhalb kürzester Frist hemmungslos bereichern. Denn sie würden dann nicht tilgen müssen.

*****

Bei der Darlehensver.gabe verläuft der Geldschöpfungsvorgang ähnlich. Die Vergabe eines Darlehens ist kein Tausch-, sondern ein Leihvorgang. Aber aus ihm *erwächst* ein Tausch: Zins gegen Geldnutzung (s. Abschn. 2.4). Von den Zinsen für die Nutzung jenes Geldes, das von ihr geschaffen und verliehen wurde, lebt die Bank. Sie deckt damit ihre Kosten und erwirtschaftet Gewinn.

Auch beim Darlehen bleibt eine Verbindlichkeit solange in der Bankbilanz, bis sie abgelöst ist. Nur ist es der Darlehensnehmer, welcher der Bank die Tilgungspflicht ihres Eigendarlehens abnimmt. Auch hier scheint die Forderung der Bank an sich selbst von vornherein entschwunden. In der Bilanz taucht sie jedenfalls nirgendwo auf. Mit ihr wurde aber das Darlehen gewährt. Die dann – im Nachgang – dort verbuchte Forderung ist aber nicht mehr die Forderung der Bank an sich selbst, aufgrund welcher sie das Darlehen vergeben hat. Es ist eine Forderung an den Darlehensnehmer. Eigentlich hätte die Bilanzierung der Bank von Beginn an so erfolgen müssen, dass sowohl die aus ihrem Eigendarlehen erwachsende Verbindlichkeit gegenüber sich selbst als auch die Forderung an sich selbst notiert gewesen wäre. Das war sie aber nicht. Die Forderung an sich selbst erscheint von vorneherein durch die Forderung an den Darlehensnehmer ersetzt.

Die Tilgung muss die Bank nur dann selbst leisten, wenn der Darlehensnehmer ausfällt. Für den Geldschöpfungs- und Geldvernichtungsakt ist es belanglos, wer bei der Darlehensvergabe die Tilgungsversprechen einlöst, die Bank sich selbst gegenüber oder der Darlehenskunde ihr gegenüber. Entscheidend ist, dass hier wie in jedem anderen Falle die Geldschöpfung auf der Basis von Tilgungsversprechen erfolgt und dass das Geld aufgrund von Tilgungsvermögen wieder vernichtet wird.

Wo die Bank die Tilgung ihres Eigendarlehens selbst leisten muss, wurde vorher die Forderung gegenüber ihrem Darlehenskunden „ausgebucht". So bleibt nur noch die aus dem Darlehen stammende Verbindlichkeit in der Bilanz – zu Lasten der Bank. Denn bei allem Geld, das sie emittiert, ist sie Letzthafterin (s. Abschn. 2.5.2.1). Ein Ausbuchen, welches die Bank verkraftet, schädigt die Geldnutzergemeinschaft nicht. Anders sieht es aus, wenn die Bank das Ausbuchen nicht übersteht.

Da die Forderung der Bank gegen sich selbst gewöhnlich vor Darlehensvergabe nicht notiert wird, sondern in der Bankbilanz von Anfang an die Forderung gegenüber dem Darlehensnehmer erscheint, wird leicht vergessen, dass beim Darlehen nur ein Besitz, nicht aber das Eigentum übertragen wird. Das unterscheidet die Leihe vom Kauf. Beim Kauf wird Eigentum und Besitz bewegt. Bei der Leihe nur der Besitz. Das Eigentum bleibt, wo es ist. Beim Geldverleih bleibt die Bank Eigentümerin. Sie hat bei der Geldschöpfung nicht nur ein Eigentum erzeugt, sondern auch einen Besitz – in Form einer (zwar nur symbolischen!) Vergegenständlichung des Versprechens, das sie sich bei der Selbstkreditierung gegeben hatte. Besitz ist verleihbar, Eigentum nicht. Die Eigentümerin Bank darf deshalb ihren verliehenen Besitz wieder zurückfordern – in Form einer Tilgung.

Die Darlehensvergabe durch Banken erfolgt auf Anlass von Tilgungsversprechen der Bankkunden. Grundsätzlich gibt es zwei Formen von Versprechen: das einseitige und das zweiseitige. Ein einseitiges Versprechen vergegenständlicht sich z. B. als Gut- oder Geschenkschein. Ein doppelseitiges Versprechen vergegenständlicht sich als Vertrag, z. B. als Darlehensvertrag. Im Darlehensvertrag wird zweierlei versprochen. Erstens, dass einer der beiden Handelspartner, nämlich die Darlehensgeberin Bank, in Vorleistung tritt, indem sie einen Geldbetrag sofort zur Verfügung stellt. Zweitens, dass das Darlehen in Form einer Tilgung zurückgezahlt wird. Die Rückzahlung soll einstweilen ausbleiben und erst später durch den Darlehnsnehmer – nennen wir ihn XY – erfolgen.

Das Ergebnis der Darlehensausgabe erscheint in den Bilanzen der Vertragspartner: bei der Bank als Forderung an den XY (in der Bilanz auf der Aktivseite verbucht), und als Verbindlichkeit des XY (auf einem XY-Konto der Bank in deren Bilanz passiv verbucht). Der Bankforderung entspricht eine Verbindlichkeit gleicher Höhe in der XY-Bilanz; der Verbindlichkeit in den Passiva der Bankbilanz entspricht ein Aktivum gleicher Höhe in der XY-Bilanz. Infolgedessen sind die Eintragungen in beiden Bilanzen stimmig: jedem Aktivum korrespondiert ein numerisch gleichwertiges Passivum.

XY hat im Darlehensvertrag versprochen, zu tilgen, d. h. das gewährte Darlehensgeld an die Bank zurückzuzahlen. Die Rückzahlung wirkt sich in den Bilanzen so aus: Mit der in der Bankbilanz verbuchten Verbindlichkeit (Darlehenskonto des XY) geht auch die dort verbuchte Forderung gegen Null, je nachdem, in welchem Modus die Rückzahlung erfolgt. Parallel dazu verändern sich die Aktiva bei XY. Ein Teil davon geht als Tilgungsgeld an die Bank. Zugleich ändern sich seine Passiva. Der Schuldensockel schrumpft.

Durch die Tilgung der Darlehensschuld des XY wird das einstmals geschöpfte und in den Wirtschaftskreislauf gelangte Geld wieder zu den Banken zurückgeleitet und damit diesem Kreislauf entzogen: Darlehenskonto des XY bei der Bank geht gegen Null; Forderung der Bank an XY geht ebenfalls gegen Null. Das einstmals geschöpfte Geld verschwindet wieder. Dadurch wächst die Geldmenge nicht ins Uferlose und der Wert des im Umlauf befindlichen Geldes bleibt gegenüber der mit gleichem Maß bewerteten Güterliefermenge knapp.

*****

In den bisherigen Buchabschnitten wurde sichtbar: Die Vergegenständlichung eines Schuldentilgungsversprechens in Gestalt einer numerisch bewerteten und durch Leistungsvermögen gedeckten Bescheinigung (z. B. als Bucheintrag oder als EDV-Datum) ist nichts anderes als dessen *Monetisierung*. Ist das Versprechen eingelöst, die Tilgung abgeschlossen, dann wird die Bescheinigung, ganz gleich in welcher Form, wieder vernichtet (Bucheintrag wird gestrichen, EDV-Daten werden gelöscht). Das Sterben eines Geldschuldverhältnisses ist insofern immer eine *Demonetisierung*. Jedes Tilgungsversprechen ist letztlich ein Demonetisierungsversprechen oder – wie man sich auch ausdrücken kann – ein *Geldvernichtungsversprechen*. Die Vernichtung des Geldes (Demonetisierung) ist manchmal wichtiger als seine Schöpfung (Monetisierung). Denn dadurch können ungesunde Verschuldungen vermieden werden (s. Abschn. 2.6.2 und 3.2).

Das einstmals aufgrund von Tilgungsversprechen geschöpfte und durch Tilgungsvermögen gedeckte Geld verschwindet durch den realen Prozess der Tilgung wieder. Jede Tilgung ist der Schwund früher geschaffenen Geldes. Schöpfung und Tilgung regulieren die Geldmenge auf ganz natürliche Weise. Sie garantieren die Knappheit des Geldes in dem Rahmen, der ökonomisch sinnvoll ist – allerdings nur in einer Wirtschaft, die mit einem Geld arbeitet, das durch Leistungspotenziale voll gedeckt ist.

Im Zuge der Tauschgeschäfte „Tilgungsversprechen gegen Geld" und „Wertschrift gegen Geld" findet zunächst eine Bilanzverlängerung im Bankensystem statt, und das bedeutet *Geldmengenwachstum*. Später dann, im Zuge der Darlehenstilgung und der Rücknahme der Wertschriften durch deren Emittenten, erfolgt eine Bilanzverkürzung, und das bedeutet *Geldmengenschrumpfung*. Falls alles sauber und ordentlich über die Bühne geht (eine Geldschuld irgendwann vollständig beglichen ist) reduziert sich die Geldmenge auf das alte Niveau. Die zusätzlichen Zinszahlungen ändern, bezogen auf die Summe aller Geldbewegungen, grundsätzlich nichts an diesem Vorgang.

Die durch die Geldschöpfung aufgeblähten Bilanzen des Bankensystems verschlanken mit dem Fortschreiten der Tilgung: die Verbindlichkeiten der Darlehensnehmer (die auch die Banken selbst sein können; s. o.) werden gelöscht – in eins mit den Forderungen der Darlehensgeber. So wären die das Geld deckenden Leistungsvermögen nichts anderes als Geldvernichtungsvermögen. Aktivieren sich nämlich die Leistungsvermögen, etwa in Form von Arbeit und Produktion, dann kann geschöpftes Geld durch den damit erzielbaren Verkaufserlös wieder vernichtet werden und nicht etwa geschaffen, wie Viele meinen.

So ist ein symbolisch vergegenständlichtes Schuldentilgungsversprechen nicht nur beim Umgang der gewöhnlichen Wirtschaftssubjekte miteinander, sondern auch beim Umgang mit Banken der Lückenfüller innerhalb eines real unvollendet gebliebenen Tauschgeschäfts. Sobald das Versprechen erfüllt ist, schließt sich die Lücke. Das vorübergehend als Lückenfüller fungierende Geld erscheint dann nirgends mehr.

Der Geldfluss (und damit verbunden der Güterfluss) geht – in vereinfachter Form – vor sich, wie in Abb. 2.5 dargestellt.

Das Geld eines Wirtschaftssubjekts gelangt sowohl vom Quell der Geld*schöpfung* (als Darlehen), als auch der Geld*hortung* (z. B. als Kapital) auf den Markt, und zwar dort in den *Einkauf*. Es werden Konsum- und Investitionsgüter gekauft. Die gekauften Güter verschwinden vom Markt: Konsumgüter werden in der Regel

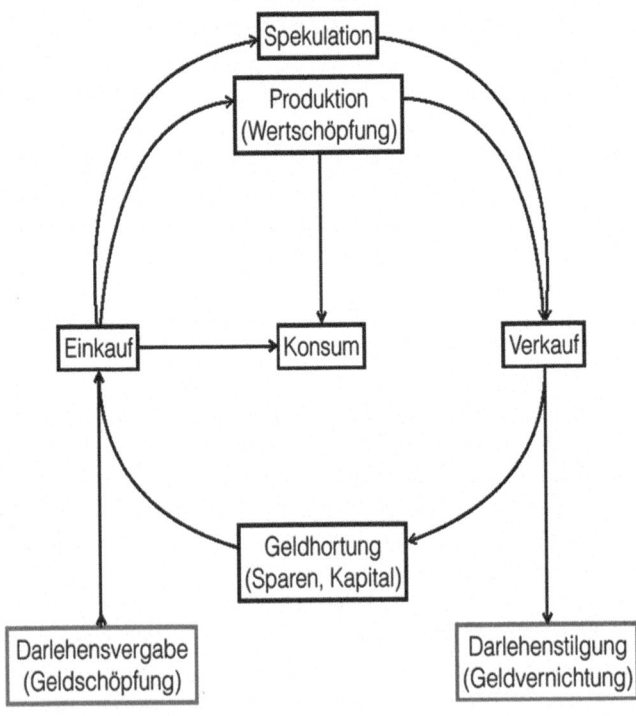

Abb. 2.5 Der Weg des Geldes im Wirtschaftskreislauf

bald verbraucht oder gelangen in die private Nutzung; Investitionsgüter dienen der Erzeugung neuer Güter. Die neu erzeugten Güter gelangen entweder wieder in den Konsum bzw. in die private Nutzung oder auf den Markt, und zwar dort in den *Verkauf*. Das Geld aus dem Verkauf gelangt entweder in die Hortung, z. B. als Ansammeln von Kapital oder zur Altersvorsorge, oder in die Tilgung. Im letzteren Fall verschwindet es wieder. Es wird vernichtet.

Nach abgeschlossener Tilgung sollte der ehemalige Geldschuldner reicher sein: an Sachgütern oder an gehortetem (gesparten) Geld. Das gehortete Geld ist – in seiner Rolle als Kapital – der Betriebsriemen für späteres Wirtschaften. Der Geldhort ist das Bindeglied zwischen dem Wirtschaften der Vergangenheit und dem Wirtschaften der Zukunft (Lietzmann 1918).

Die Hortung von Geld vermehrt das Vermögen des Wirtschaftssubjekts. Die Tilgung vernichtet einstmals geschaffenes Geld. Aufgrund der in einer gut funktionierenden Finanzwirtschaft ständig stattfindenden Geldvernichtung (Tilgung) bleibt immer nur so viel Geld auf dem Markt, wie gebraucht wird. Auch Konsum vernichtet Geld, und zwar indirekt: weil er den Konsumguterzeugern Mittel für ihre Tilgungs-/Geldvernichtungsleistung zuführt.

Eine nicht zu unterschätzende Rolle im Wirtschaftsgeschehen kommt den Spekulanten zu. Die unerfahrenen („schlechten") Spekulanten verbleiben nicht lange am Markt. Sie verschwinden über kurz oder lang. Die erfahrenen („guten") Spekulanten sind *Meister des Haltens*. Sie kaufen, wenn die Preise niedrig sind (erhöhen damit das gerade aktuelle Preisgefüge) und „halten", bis die Preise hoch sind, um dann zu verkaufen (erniedrigen damit das gerade aktuelle Preisgefüge). Der Preisunterschied generiert ihre sogenannte Arbitrage, d. h. den Gewinn, den sie mit dem Handel erzielen. Der positive Effekt für die Ökonomie besteht darin: „gute" Spekulationen verringern die Amplitudengrößen der Preisausschläge. Dadurch ist eine einigermaßen situationsgerechte Kalkulation bei der Güterproduktion und der Güterhortung möglich. Die oft abrupten Preisverschiebungen sind gedämpft und damit nicht so folgenreich wie ohne diesen Handel. Die ersparten Kosten für einen andernfalls notwendigen Risikoaufschlag beim Verkaufspreis kommen in einer Wettbewerbswirtschaft letztlich allen Konsumenten zugute. Die Spekulanten *beruhigen* das Marktgeschehen, und dies trotz der offensichtlich gierigen Hektik an den Börsen.

Die Geldschöpfung bei der Vergabe eines Darlehens ereignet sich auf der Basis eines Leistungspotenzials. Realisiert es sich, dann entstehen verkaufbare Waren. Das Geld, das sich aus dem Verkauf dieser Waren erlösen lässt, kann irgendwann dem Darlehensgeber (der Bank) wieder zurückgegeben, also vernichtet werden. Im Schatten des Geldschöpfungs- und Geldvernichtungsvorgangs hat sich ein Güterzuwachs vollzogen. Nicht nur irgendein Individualprodukt, sondern auch das Produkt der Geldnutzergemeinschaft insgesamt, das sogenannte „Sozialprodukt", hat sich erhöht.

Mit dem Kreislauf von Geldschöpfung und Geldvernichtung hat sich die Menschheit eine Handelsmodalität geschaffen, bei der die Finanzmittel auf ganz natürliche Weise knappgehalten werden. Aus der Abb. 2.5 ist ersichtlich, wie und wodurch die Knappheit bewirkt wird. Der dort dargestellte Mechanismus kann sich erst dann voll entfalten, wenn er an Liefervermögen *beliebiger Art* gebunden ist und nicht nur an das Liefervermögen von Edelmetall, wie bei den früheren Banknoten.

Damit das Wertegleichgewicht von Geld und den übrigen Tauschgütern gewahrt bleibt, ist es erforderlich, dass jedes für den Markt geschaffene Geld eines Tages wieder vom Markt verschwindet. Wo eine leistungsteilige Tauschgesellschaft Geld schöpft („Monetisierung"), muss sie dieses nach einem bestimmten Modus wieder vernichten („Demonetisierung").

Die Geldwerdung eines Schuldentilgungsversprechens geschieht – und das ist beachtenswert – in einem völlig autonomen Akt zwischen Schuldnern und Gläubigern. Dabei geben die Schuldner (Debitoren) den Anlass und die Gläubiger (Kreditoren) den Ausschlag. Geld wird nicht dadurch zu Geld, weil ein Staatsdekret es zu Geld macht. Geldschöpfung vollzieht sich „von unten nach oben" und nicht „von oben (vom Staat oder seiner Zentralbank) nach unten", wie es für Viele, auch für viele „Theoretiker", den Anschein hat. Denn die bei Darlehen und Wertschriften erforderlichen Tilgungsmittel kann letztlich nur der Sachwertschaffende „unten" herbeizaubern.

Die vollständige Erfüllung aller Schuldentilgungsversprechen bedeutete die totale Vernichtung allen Geldes. Das Geld, das seine Existenz einem unvollendeten Sachgütertausch verdankt (s. Abschn. 2.3 und 2.4), löste sich via Tilgung in Nichts auf.

Die Existenz des heute in Umlauf befindlichen Geldes ist ein ständiges Werden und Vergehen. In dieser Hinsicht entsprechen die Vorgänge in der Finanzwirtschaft den Vorgängen in der Natur. Dies allerdings mit einem folgenreichen Unterschied: Schöpfer und Vernichter ist hier der Mensch. Und Menschen sind vor Fehlhandlungen nicht gefeit (s. Abschn. 2.6.3 und 3.2).

2.6   Inflation und Deflation

Die Wertfestsetzung bei der Geldschöpfung bedient sich des Wertmaßes eines bestimmten Handelskreises, z. B. des Euro, des Dollar oder des Yen. Genau wie bei der Geldbewertung kommt solches Wertmaß auch bei der Sachgüterbewertung (Preisbildung) ins Spiel. Beide Bewertungen sind voneinander unabhängig. Man kann sie deshalb unterscheiden: zum einen die Bestimmung des Geldwertes – als Bewertung von Schuldentilgungsvermögen z. B. durch kreditgebende Banken; zum anderen die Bestimmung der Angebotspreise bei den Sachgütern durch die

Hersteller und Tauschpartner. Beide Werte können miteinander in Beziehung treten. Das ist beim Kauf der Fall.

Die Festlegung der Preise in Wettbewerbswirtschaften ist das unvorhersehbare Ergebnis freier Verhandlungen und individueller Entscheidungen (die durchaus manipuliert sein können, z. B. durch Werbung). In einem unbehinderten Markt sind es stets einzelne Wirtschaftssubjekte, die eine numerische Güterbewertung vornehmen und die Preise bestimmen. Bilden sich zwar bei vielen Produkten intersubjektiv ermittelte Marktpreise heraus, so sind Güterbewertungen doch immer souveräne und autonome Akte von Individuen und insofern subjektiv und situationsbestimmt. Schon deshalb kann es eine absolute Preisstabilität nicht geben (Mises, Nachdruck 1980 und 2005; s. auch Abschn. 2.1).

Preisausschläge nach oben oder nach unten, die singulär auftreten, sind normal und alltäglich. „In einer Marktwirtschaft gibt es immer Preisbewegungen. Einzelne Preise steigen oder fallen als Folge von Verschiebungen in der Angebots- und Nachfragestruktur" (Polleit und Prollius 2014). Die Handelspartner müssen also damit rechnen, dass bei einem Tausch zum Zeitpunkt Y ein anderes Preis-Leistungs-Verhältnis herrscht als bei einem Tausch zum Zeitpunkt X. Der numerisch fixierte Wert eines Wirtschaftsguts ist ständigen Änderungen unterworfen. Zukunftsbezogene Wertberechnungen sind daher prinzipiell mit einem Risiko behaftet. Alle ökonomischen Kalkulationen stehen auf wackeligen Füßen. Bei jeder Preisfindung muss immer ein Risiko mit eingepreist werden.

Ein rationaler Umgang mit einem Risiko besteht nicht darin, es zu vermeiden, sondern es in seine Entscheidungen einzubeziehen. Eine gute Kalkulation ist bemüht, das Risiko zu mindern, indem sie es bei der Preisbildung berücksichtigt. Der Produzent kann z. B. eine einschlägige Versicherung abschließen. Die verlangt einen Preis für ihre Leistung. Diesen Preis wird er bei seiner Preiskalkulation als Faktor berücksichtigen. Am Ende ist wichtig, einen Angebotspreis zu haben, der einerseits dem Anbieter einen angemessenen Lohn sichert und der andererseits vom Güterabnehmer akzeptiert wird.

Entscheidend bei Preiserhöhungen oder Preisminderungen ist vor allem der *Wille zum Kauf* bei den Marktteilnehmern. Ihr Wille veranlasst sie, entweder aus einer Lebensnot oder aus einer Lebenslust heraus zu kaufen oder auch nicht. Der unberechenbare Wille des Individuums wird in vielen ökonomischen Theorien nicht berücksichtigt. Ihre fundamentale Schwäche ist, dass sie die Mikroökonomie, d. h. das ökonomische Verhalten von Individuen, vernachlässigen und an dessen Stelle mathematisch aufgebauschte Konstrukte der Makroökonomie erfinden.

Unter den vielen Faktoren, welche die Sachgüterpreise beeinflussen, ist der Wille zum Kauf oder zum Nichtkauf, mit anderen Worten: der Wille zum Horten oder Nichthorten von Geld, der wohl wirkmächtigste. Ganz gleich, wie viel Geld sich in den Händen der Menschen in ihrer Rolle als Konsumenten oder Investoren befindet, sie müssen tauschen/kaufen *wollen* oder sich beim Tausch/Kauf enthalten *wollen*.

Daraus erhellt, dass nicht nur das Ausgeben von Geld, sondern auch das Geldhorten (im Banksafe oder in der Privatschatulle) die Güterpreise beeinflusst. Dieses Faktum ist vor allem von Silvio Gesell und John Maynard Keynes herausgestellt worden. Bei aller Reserve ihren Wirtschaftstheorien gegenüber: Sie haben erkannt und ausdrücklich betont, dass auch die Geldhorte eine große Bedeutung für das Marktgeschehen haben, obwohl sie sich außerhalb dieses Geschehens befinden. Denn es wirkt auch jenes Geld preisverändernd mit, das sich gar nicht auf dem Markt befindet. – Der Einfluss der Geldhorte wird von den beiden Wirtschaftstheoretikern jedoch überschätzt. Das meiste gehortete Geld befindet sich nämlich im Bankensystem. Und dieses System stellt es größtenteils dem Markt sofort wieder zur Verfügung.

Der Kaufwille der Marktteilnehmer ist unter anderem beeinflusst durch Zukunftserwartungen. Die Marktteilnehmer antizipieren aufgrund bestimmter Anzeichen künftige Preisentwicklungen. Die Antizipation kann zum aktuellen Geldausgeben oder zum Geldeinbehalten veranlassen. Vermutet man kommende Preissteigerungen, dann bestärkt dies den Entschluss, schon in der Gegenwart Dinge zu erwerben, die man vielleicht erst später braucht („Hamsterkäufe"). Verhalten sich Viele so, dann hat das einen Verstärkungseffekt in Richtung Preiserhöhung. Horten die Marktteilnehmer ihr Geld und treten damit nicht in den Handel ein („Kaufenthaltung"), dann sinken die Preise. So können bloße Vermutungen in Bezug auf künftige Preisveränderungen und ein entsprechendes Verhalten diese erst herbeiführen und dabei sogar verstärkend wirken (self-fulfilling-prophecy).

Wird der Kaufwille in eine positive oder eine negative Richtung hin hysterisiert („Panikkäufe" oder „Angstsparen"), und zwar bei vielen Individuen auf einmal, kann sich bei den Preisen schnell ein „Hyper" nach unten oder nach oben herausbilden.

Damit sind wir beim Thema „*Inflation* und *Deflation*". Man spricht erst dann *ausdrücklich* von einer Inflation oder einer Deflation, wenn die Preisänderungen *nachhaltig und flächendeckend* sind. Nur eine dauerhafte und marktumfassende Preisveränderung, vor allem bei den Gütern des täglichen Bedarfs, wirkt sich inflationär bzw. deflationär aus. Man spricht dann auch von der Erhöhung oder dem Niedergang der „*Lebenshatungskosten*" oder des „*Verbraucherpreisindexes*" (*VPI*).

Inflation und Deflation sind nichts Unnatürliches oder gar Unrechtes. Sie sind die überaus ehrliche und legitime, allerdings oft harte Antwort des Marktes auf ein Fehlverhalten bestimmter Marktteilnehmer – vor allem auch der Banken, worauf

ich später zu sprechen komme (s. Abschn. 2.6.3). Der Markt korrigiert dieses Fehlverhalten – in Form eines Selbstreinigungsprozesses. Inflation und Deflation sind
immer nur *Säuberungen* und keine *Verzerrungen* des Marktes. Vom rein ökonomischen Standpunkt passiert hier nichts Schlimmes. Die *sozialen Folgen* dieser Vorgänge können allerding dramatisch sein. Manchmal führen sie zur Totalzerrüttung
einer Gesellschaft (Argentarius 1921; Sinn 2021). In der zweiten Dekade des
zwanzigsten Jahrhunderts trat in Deutschland sowohl eine Inflation als auch eine
Deflation in Erscheinung.

Die Preisinflation ist begründet in einer Angebotslücke (Issing 2011: „Güterlü-
cke") und die Preisdeflation in einer Nachfragelücke. So wie die Konkurrenz der
Verkäufer die Preise nach unten treibt, so treibt die Konkurrenz der Käufer die
Preise nach oben.

Eine Inflation kann auch dadurch verursacht sein, dass bestimmte Ressourcen eines Wirtschaftsbereichs absorbiert werden zulasten eines anderen Be-
reichs. Wenn z. B. Arbeitskräfte in eine andere Gewerbesparte abwandern, weil
sie dort besser entlohnt werden, kann in der von ihnen verlassenen Sparte wegen
fehlenden Leistungspotenzials ein Unterangebot entstehen. Die Preise gehen in
die Höhe, und zwar immer dann, wenn die jetzt fehlenden Wirtschaftsgüter
nicht anderwärts – etwa durch preisgünstige Importe – herangeschafft werden können.

Sollte mit Deflation oder Inflation die nachhaltige Minderung oder Erhöhung der
Güterpreise gemeint sein, dann wissen wir jetzt, und zwar infolge der Erörterungen
im Abschn. 2.5.2.2, dass es sich dabei um nichts anderes handeln kann, als um eine
Neuzuordnung der jeweils in Gebrauch befindlichen Wertmaßeinheiten zu den
Kaufgütern – und übrigens auch zu den Gütererzeugungspotenzialen (s. Abb. 2.6).

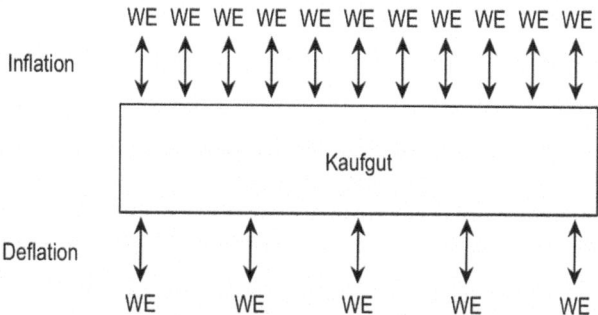

Abb. 2.6 Zuordnung von Wertmaßeinheiten (WE) bei Inflation und Deflation

Einer numerisch gleichbleibenden Menge von Wertmaßeinheiten wird mehr oder weniger Kaufgut zugeordnet. Sollten die Maßeinheiten die eines bestimmten Geldes sein, können die Kaufobjekte mit Geld gemessen werden. (Nicht nur Geld, auch andere Dinge können zur Wertmessung dienen; s. o.). Kaufgut wird „teurer" bzw. „billiger". Beim Sachgütererwerb muss man jetzt mehr bzw. weniger Geld mitbringen. Im Falle der Inflation benötigt man mehr Geld, um die höheren Preise bezahlen zu können. Im Falle der Deflation benötigt man weniger.

Das Zuordnungsverhältnis zwischen Wertmaßeinheiten und Sachgut kann verbunden sein mit einer allgemeinen Stagnation wirtschaftlicher Aktivitäten. Die hat unter Umständen große Arbeitslosigkeit zur Folge. Dann spricht man von *Stagflation*. Das Zuordnungsverhältnis kann sich auch plötzlich ändern, ein Vorgang, der sich z. B. an Rohstoffmärkten und deren Börsen binnen Nanosekunden ereignet. Es gibt Computerprogramme, die so etwas exakt verfolgen und berechnen können.

Bei einer Inflation gelangen die Geldschuldner dadurch zu ihrem Vorteil, dass sie zum Zeitpunkt der Schuldenaufnahme zu den alten vorinflationären, also zu relativ günstigen Preisen einkaufen, jedoch später mit Leistungen tilgen, die dann höher bewertet werden. Sie verdienen zu einem späteren Zeitpunkt mit ihren Produkt- bzw. Leistungsverkauf mehr Geld, tilgen aber nur mit der ursprünglich als Tilgungssumme vereinbarten Geldmenge.

Eine Inflation vernichtet keine Ressourcen. Sie verschiebt nur die Besitz- und Eigentumsverhältnisse. An Volks- bzw. Weltvermögen geht nichts verloren. Es ist am Ende nur anders verteilt. Gleiches gilt für die Deflation. – Eine langfristig wirksame Preisänderung bei den Sachgütern schafft bei einigen Geldnutzern Leid, weil sie Eigentum verlieren. Bei anderen Freud, weil sie Eigentum gewinnen. Gesamtwirtschaftlich gesehen halten sich Freud und Leid die Waage. Freud und Leid als Folge von Inflation und Deflation hängen auch vom *Zeitpunkt des Güterkaufs* ab: Wer sein Geld „zu spät" ausgibt, leidet bei einer Inflation und gewinnt bei einer Deflation. Wer sein Geld „zu früh" ausgibt, leidet bei einer Deflation und gewinnt bei einer Inflation.

*****

Weil die Anzahl der Wertmaßeinheiten des kaufenden Geldes starr bleibt, ganz gleich, was die Anzahl jener Wertmaßeinheiten macht, die dem Sachgut zugeordnet werden, sind Inflation und Deflation Erscheinungen, die nicht dem kaufenden Geld anhaften. Geld, das sich bereits (in eine bestimmte Menge von Einheiten gestückelt) in der Welt befindet, kann nicht inflationieren oder deflationieren (Devisengeschäfte ausgenommen!) Somit ist mit dem Wort „Geldentwertung" – wenn es schon einmal in Gebrauch ist – offenbar etwas anderes gemeint als ein Wertverlust beim Geld. Man meint eigentlich die Erhöhung der Sachgüterpreise.

Der Nachteil der Geldgläubiger und Geldhorter bei einer Inflation erwächst daraus, dass die Zuordnung der Werteinheiten bei ihrem (bereits früher einmal geschöpften!) Geld starr bleibt (s. o.), während sie sich bei den Sachgüterpreisen zu ihren Ungunsten ändert. Dadurch geht kein Vermögen verloren. Es erscheint nach der Änderung nur anders verteilt. Inflation und Deflation würden als ganz normale ökonomische Erscheinungen wahrgenommen werden, über die sich niemand ereiferte, wenn damit nicht merkliche Eigentumsumschichtungen verbunden wären, und zwar gegen den Willen vieler Eigentümer.

In den folgenden Buchabschnitten lenke ich die Aufmerksamkeit der Leser vor allem auf die Inflation, weil sie die häufigste Erscheinung auf dem Markt ist. Und auch hier behandle ich nur die gewöhnlichen Abläufe. Außergewöhnlich Abläufe haben in der Regel nur einen vorübergehenden oder eher geringen Einfluss auf die Preise. So hatten z. B. die „Preistreiber" Energie und Rohstoffe, die momentan für alles Übel in der europäischen Wirtschaft verantwortlich gemacht werden, nur einen relativ geringen Anteil an der Gesamtpreisentwicklung (Wirtschaftswoche 45/2022). Schon gar nicht lassen sich diese „Preistreiber" für die Inflation in den USA verantwortlich machen, in denen Energie und Rohstoffe in Hülle und Fülle vorhanden sind.

Eine Inflation – als Neuzuordnung von Wertmaßeinheiten bei den Gütern – erzeugt niemals „schlechtes Geld". Geld ist weder schlecht noch gut, weder diabolisch noch moralisch. Insofern ist es weder zu verdammen, noch zu preisen. Nur der *Umgang* mit Geld kann ein schlechter oder guter sein. Nicht mit „schlechtem Geld", höchstens mit einigen schlechten Manieren in der Wirtschaft, vor allem der Finanzwirtschaft hat Inflation zu tun.

Die Inflation kann, wenn sie lange anhält, eine Substanzveränderung beim *Wertmaß* nach sich ziehen. Das wirkt sich – mit Zeitverzögerung – auch auf die Wertbemessung anlässlich der Geldschöpfung aus. Es ist wichtig, die Substanzveränderung beim Wertmaß näher anzuschauen, um das Phänomen „Inflation" besser verstehen zu können (im Folgenden: Abschn. 2.6.1).

Vielfach wird die These vertreten, eine Inflation stünde in einem direkten Zusammenhang mit der Geldmenge. Wenn die auf dem Markt befindliche oder die in den Markt strebende Geldmenge in ein Missverhältnis zur Sachgütermenge gerät, wirke sich das auf die Güterpreise aus. Es ist zu prüfen, inwiefern es Sinn macht, eine Korrelation zwischen den Preisverschiebungen am Sachgütermarkt und der Geldmenge zu behaupten (im Folgenden: Abschn. 2.6.2).

Großen Einfluss auf die Preisentwicklung hat das Bankensystem. Die Banker prüfen u. a. auch die Werthaltigkeit von nicht monetären Schuldtiteln. Die Schuldtitel werden zwar von sogenannten „Nichtbanken" emittiert und wertmäßig definiert. Aber die Banken sollten sie prüfen, bevor sie in den allgemeinen Handel gelangen. Denn sie geben vor, deren Werthaltigkeit zu garantieren. Bei der Einschätzung der Werthaltigkeit können Fehler passieren, auch solche, die symptomatisch sind (im Folgenden: Abschn. 2.6.3).

Die Lohnverhandlungen der „Tarifpartner" können ebenfalls Auswirkungen auf die Preisentwicklung haben. Falls sich diese „Partner" zu großen Kartellen zusammengeschlossen haben, bildet sich – als Folge ihrer Verhandlungen – die sogenannte Lohn-Preis-Spirale (im Folgenden: Abschn. 2.6.4).

Auf den folgenden Seiten fragen wir nicht, welchen Anteil das Bankensystem oder die „Tarifpartner" an der Inflation *haben*. Wir fragen, ob und inwiefern sie einen Anteil daran haben *können*. Was in der Finanzwelt derzeit wirklich passiert, darüber handeln wir an anderer Stelle (s. Verf. 2023). Für eine übersichtliche und verständliche Antwort auf Fragen, welche die Inflation betreffen, sollen die Themen „Zins" (s. Abschn. 3.4) und „Börsenhandel" unberücksichtigt bleiben.

2.6.1 Substanzverlust beim Wertmaß

Im Zusammenhang mit Inflationen wird oft von „Geldentwertung" gesprochen. Die Leute sagen „Das Geld ist nichts mehr wert" und meinen damit: Man kann mit dem nominal unveränderten Geld nicht mehr so viele Sachgüter kaufen wie früher. Es ist zu prüfen, ob und inwiefern diese Redeweise gerechtfertigt ist.

Der Ausdruck „Geldentwertung" muss nach dem oben Erörterten zunächst einmal unverständlich bleiben. Denn in Bezug auf den Gütererwerb – und unter dieser Bezugnahme wird ja gewöhnlich von „Geldentwertung" gesprochen – kann es streng genommen keine Entwertung oder Wertsteigerung des Geldes geben. Die Werterteilung eines bescheinigten Schuldentilgungsversprechens, also des Geldes, ist nämlich vom Zeitpunkt der Bewertung an starr und kann sich nicht ändern, also auch nicht „entwerten". Sonst hieße das ja, aus einem Zwanzig-Euroschein könnte abrakadabra ein Zehn-Euroschein werden oder umgekehrt. Wir alle wissen, dass das nicht geht.

Geld empfängt seinen Wert aus der Bewertung der Tilgungsversprechen. Und der Wert dieser Versprechen richtet sich nach dem Wert der Tilgungsvermögen (s. Abschn. 2.3 und 2.4). Nach dem Bewertungsakt bleibt der nominale Wert des Geldes starr. Zahleneintrag und Wertmaßbezeichnung, z. B. auf einem Geldschein oder einem Girokonto, ändern sich nicht. Der Wert des Geldes, wenn es einmal geschöpft und sich im Hort oder auf dem Markt befindet, ist fix. Die Bewertung der Sachgüter (die Preise) hingegen ändert sich ständig. Daraus ergibt

sich: Inflation ist keine Geldinflation. Sie ist eine Preisinflation bei den Sachgütern. Jedenfalls lässt sie sich aus der Entwicklung der Sachgüterpreise eindeutig
erkennen und definieren.

Die Preisinflation bei den Sachgütern kann zum einen darauf zurückgehen, dass
nicht genug Güter produziert oder importiert werden. Dann nennt man sie güterin-
duziert. Sollte sie hingegen darauf zurückgehen, dass der Kaufwunsch wächst,
dann nennt man sie nachfrageinduziert. Die aufmerksamen Leser bemerken, dass
dieser Unterschied zwar plausibel, zur Aufklärung der Sachverhalte aber irrelevant
und daher eher akademisch ist (s. dazu vor allem Abschn. 2.6.2).

Der Substanzverlust bei numerisch bewertetem Geld ist schon oft diskutiert
worden. Hingegen hat der Substanzverlust des *Wertmaßes selbst* bisher geldtheoretisch kaum Beachtung gefunden. Das ist verwunderlich, denn die vom Geldphäno-
men ganz abgetrennte Untersuchung des Wertphänomens hat zumindest im
deutschsprachigen Raum eine lange Tradition. Ich erinnere noch einmal an die Forscher Hermann Heinrich Gossen, Carl Menger, Friedrich von Wieser, Eugen von
Böhm-Bawerk (s. Abschn. 2.1). Das Phänomen „Substanzverlust beim Maß" ist
nur dem Wertmaß und nicht den physisch basierten Maßen eigen, z. B. dem Län-
gen-, Zeit- und Gewichtsmaß.

Ein Wertmaß ist nicht dinghaft objektivierbar. Wenn wir es objektivieren wollen, dann gelingt das nur in Form von Symbolen. Dennoch ist es keine Freiluftan-
gelegenheit. Es ist seinem Inhalt nach stets gekoppelt an die aktuelle intersub-
jektive Bewertung von Sachgütern bzw. deren Erzeugungspotenzialen. Die dokumentiert sich in den Marktpreisen. Der Marktpreis bleibt bei normalem
Wirtschaftsverlauf relativ konstant. Ändert er sich dagegen über einen längeren
Zeitraum hinweg in eine Richtung, dann wird die Substanz des Wertmaßes eines
Tages im Vergleich zu früher auch eine andere sein. Eine marktumfassende dauerhafte Güterwerterhöhung oder Güterwertminderung bleibt – im Gegensatz zu einzelnen temporären Preisschwankungen – nicht folgenlos, und zwar für das Bewertungsmaß selbst. – Wie kann so etwas passieren?

Um bei einer Geldschwemme mit dem Gesamtwert allen real oder potenziell
vorhandenen Sachguts wieder ins Gleichgewicht zu kommen, wird sich – weil der
numerische Wert des Geldes festgeschrieben ist (s. o.) – der numerische Wert der
Sachgüter erhöhen. Beim Kauf wird über kurz oder lang eine größere Geldmenge
für ein Sachgut hergegeben werden müssen. Das wirkt sich auf Dauer auch auf die
Bewertung der Tilgungsvermögen (der Bonitäten) aus, die dem Geld als Deckung
zugrunde liegen.

Ereignet sich bei der Bewertung der Güter, d. h. bei der Zuordnung von Wertmaßeinheiten auf Güter, marktumfassend eine Veränderung mit anhaltendem

Trend, dann wirkt sich das auch auf den Gehalt (die „Substanz") des Wertmaßes aus. Das Wertmaß wird irgendwann ein anderes sein, obwohl es vielleicht immer noch den gleichen Namen trägt (z. B. Dollar, Euro, Yen usw.), sich die Wertmaß*bezeichnung* also nicht geändert hat. „Wir messen [bei *numerischer* Bewertung; s. Abschn. 2.4] Größen mit einer Größeneinheit, die nicht wie das Metermaß zu allen Zeiten und an allen Orten gleichbleibt, sondern dauernd größeren oder kleineren Änderungen unterworfen ist" (Lietzmann 1918).

Der Substanzverlust beim Wertmaß hat Einfluss auf *alle* Bewertungsvorgänge des Marktes, sowohl auf die Bewertung der Sachgüter bei der Preisbildung als auch auf die Bewertung der Schuldentilgungsvermögen bei der Geldschöpfung. Weil das Bewertungsmaß in *beiden* Bereichen zum Einsatz kommt, ist die Zuordnung von Wertmaßeinheiten bei der Geldschöpfung irgendwann auch eine andere als vorher. Ein Tilgungsvermögen, und damit auch das Tilgungsversprechen, das dem Gelde zugrunde liegt, werden bei der Bonitätsprüfung als numerisch „wertvoller" eingeschätzt. Am Ende verändert sich auch beim Geld die „Substanz" der Wertmaßeinheiten. Erst wenn die Wertmaßeinheiten selbst an Substanz verlieren, entwertet auch das Geld.

Dies würde keine negative Stimmung auslösen, wenn nicht noch eine große Menge früher geschöpften und bislang gehorteten Geldes, bei dessen Schöpfung noch die alte Bewertung zugrunde gelegen hatte, sich auf dem Markt befände bzw. auf den Markt gelangen würde. Dieses Geld ist zu einer Zeit entstanden, als die „Substanz" der Wertmaßeinheiten eine andere war. Deshalb wurde z. B. vor der Wertmaßveränderung auf das gleiche Tilgungsvermögen nominal weniger Geld von der Bank als Darlehen gewährt. Jetzt muss aber von diesem „alten" Geld nach der Wertmaßveränderung mehr beim Sachgüterkauf aufgewendet werden. Die Käufer müssen mehr Geld als früher mitbringen, um das gleiche Paar Schuhe zu kaufen.

Genau genommen dürften die Leute die Einschätzung „Geld ist jetzt wertloser als früher" nicht auf jedes Geld, sondern nur auf das „alte" beziehen. Denn das „neue" Geld ist ja bereits nach einer Substanzveränderung beim Wertmaß entstanden. Der Substanzverlust beim Wert des neuen Geldes strahlt auf die Substanz der Gesamtgeldmenge aus, zu der auch früheres Geld gehört. Denn das frühere Geld erscheint, wenn es z. B. den Hort (den Sparstrumpf) verlässt, mit dem inzwischen neu geschöpften Geld vermischt. Das neue Geld kann nach der Substanzänderung des Wertmaßes zwar weiter gedeckt sein – allerdings auf einem anderen numerischen Niveau! Der Wert des früher geschöpften Geldes befindet sich jetzt unterhalb des neuen Werteniveaus. Denn der Zahlen- und Wertmaßaufdruck auf diesem Geld blieb unverändert.

Wenn zwar nicht von „Geldentwertung", so macht es doch Sinn, von Entwertung überhaupt zu sprechen, nämlich im Hinblick auf den Substanzverlust bei den Wertmaßeinheiten, mit denen der Wert des Geldes bei dessen Schöpfung einstmals ermittelt wurde. Der Substanzverlust geht zulasten der Nutzer von „altem" (z. B. über Jahre hinweg gehortetem) Geld – und auch zulasten langfristig angelegter nicht monetärer Schuldtitel.

Nicht das Geld selbst, sondern das Bewertungsmaß (mit dem unter anderem auch das Geld gemessen wird) entwertet bei länger anhaltender Inflation. Es pendelt sich zwar irgendwann ein numerisches Wertgleichgewicht zwischen den Wertmaßeinheiten des Geldes und den Preisen (Wertmaßeinheiten bei den Sachgütern) wieder ein. Nur hat sich jetzt die Substanz der Wertmaßeinheiten verändert.

Der Schule um Milton Friedman ist entgegenzuhalten: Inflationen sind keine rein monetären Phänomene. Es sind Phänomene, welche die *Bewertung der Güter insgesamt* betreffen, zu denen natürlich auch das Geld gehört. Und eine Veränderung, die *jede* Güterbewertung umfasst, findet immer zuerst bei den *Wertmaßen* statt und beim Geld erst dann, wenn es beim Schöpfungsprozess mit substanzveränderten Wertmaßen und mit Zahlen versehen wird.

Durch eine Inflation verschwindet normalerweise (in Friedenszeiten) nichts an Ressourcen. Aber sie verteilt sie so, dass einige Bevölkerungsschichten verarmen. Wenn also der Bundesbankpräsident Joachim Nagel die Inflation den „größten Wohlstandsvernichter" nennt (Wirtschaftswoche 43/2022), dann sollte er dies nur auf die unteren und vor allem die produktiven Bevölkerungsschichten beziehen. Denn bei jeder Inflation gibt es auch Gewinner.

Die negativen Folgen einer Inflation – qua allgemeiner Preissteigerung bei den Sachgütern – tragen zwar *alle* Geldnutzer, auch die Geldschuldner. Aber bei Letzteren überwiegt der Vorteil. Die Geldgläubiger hingegen leiden doppelt. Sie haben nicht nur die hohen Güterpreise zu bezahlen, sondern müssen dabei zusehen, wie ihr z. B. für das Alter angespartes Vermögen schwindet. Am schmerzlichsten sind die Folgen für die von der Politik sogenannten „sozial Schwachen".

2.6.2 Inflation und Gelddeckung

Die Menge des auf den Markt gelangenden Geldes wird von der Prüfung des Debitoren-Leistungspotenzials abhängig gemacht. Das Potenzial soll sich in Form marktgängiger Güter realisieren. Weil die Güter, durch deren Verkauf eine Tilgung geleistet werden kann, in vielen Fällen noch nicht existieren, sondern erst geschaffen werden müssen, entsteht durch die Geldschöpfung zunächst eine Wertschöpfungslücke (s. Abschn. 2.3 und 2.5). Mit der Produktion der Güter wird die Lücke geschlossen. Der Wert des auf dem Markt geschöpften Geldes ist nun wieder im Gleichgewicht mit dem Wert der auf dem Markt befindlichen Güter.

Können emittierte Tilgungsversprechen nicht eingelöst werden, verlieren die Wertschriften (also auch die Gelder) ihre Deckung. In dem extremen Fall, wo *alle* Gläubiger einer Wertschriften- bzw. Geldemission fallieren, wo also deren Deckung vollständig verloren geht, kann eine Wertschöpfungslücke nicht mehr geschlossen werden. Es öffnet sich eine Schere zwischen dem Wert der insgesamt kursierenden Wertschriftenmenge (der Geldmenge) und dem Wert realisierbarer Leistungspotenziale, welche die Tilgungspotenziale für die Wiedervernichtung des Geldes hätten abgeben sollen. Die Folge ist ein Überhang ungedeckter Gelder. Der bewirkt über kurz oder lang eine Steigerung bei den Sachgüterpreisen. *Nicht also die Geldmenge an sich hat diese Wirkung, sondern nur der ungedeckte Teil der Geldmenge.* Inwiefern?

Die der Inflation zugrunde liegende Preisentwicklung ist polykausal (Issing 2011). Alle Faktoren, die das Verhältnis von Angebot und Nachfrage bestimmen, haben Einfluss auf die Preise. Sie verursachen in unterschiedlichster Weise eine Änderung bei der Zuordnung der Wertmaßeinheiten zum Sachgut. Dabei spielen in einer Wettbewerbswirtschaft die Nachfrager den entscheidenden Part.

Geschehen z. B. Preissteigerungen signifikant, flächendeckend und auf Dauer, dann muss es dafür trotz der Vielfalt der Faktoren, die darauf Einfluss haben, ein einheitliches Wirkmoment geben, in das all diese Faktoren einfließen. Viele Ökonomen sehen es in einer unmäßig sich vergrößernden *Geldmenge.* Die Sachgüterbewertung und damit die Preise schwanken, so wird gesagt, mit der Menge des auf dem Markt umlaufenden Geldes (schon Argentarius 1921). Welche Bedeutung hat die Korrelation, die hier als zugrunde liegend gedacht wird?

Das Geld unserer heutigen Finanzwirtschaft wird aus Krediten geschöpft. Die Kredite machen das Geld, sind gewissermaßen selbst das Geld, aber erst dann, wenn sie – in welcher Form auch immer – vergegenständlicht, numerisch bewertet und durch die Tilgungspotenziale der Kreditnehmer gedeckt sind. Geld wurde definiert als die Gesamtheit der quantitativ bewerteten, symbolisch vergegenständlichten Tilgungsversprechen, die gedeckt sind durch das Tilgungspotenzial hochbonider Emittenten (etwa der Banken, s. Abschn. 2.5.1.1 und 2.5.2.1). Dieses Potenzial realisiert sich am Ende dadurch, dass bedarfsgerechte Güter erzeugt werden und auf den Markt kommen.

Nur durch eine Tilgung mit Geld, das mit diesen Gütern zu verdienen ist, kann das über ein Darlehen einstmals geschöpfte Geld wieder vernichtet und damit gegenüber der Gütermenge verknappt werden. Das Tilgungspotenzial ist zugleich das Geldvernichtungspotenzial (s. Abschn. 2.5.3). Und Geld muss immer dort vernichtet werden, wo es entstanden ist. Im Falle von Währungsgeld – im Unterschied zum „Universalgeld" – sind das die Banken. Ohne das Geldvernichtungspotenzial der Bankkunden in ihrer Rolle als Darlehensnehmer funktioniert eine Finanzwirtschaft nicht, die auf Kreditgeldschöpfung beruht. Die Vernichtung einmal geschöpften Geldes ist ein *unabdingbares Muss* innerhalb dieser Wirtschaft. Gelingt sie nicht, erwachsen Probleme.

In einer sachgerecht funktionierenden Finanzwirtschaft müssen sich Geldschöpfung (Gewährung von Krediten) und Geldvernichtung (Rückzahlung der Kredite) stets die Waage halten. Es dürfen nie mehr Tilgungsversprechen – etwa in Form von Geld – auf den Markt kommen, als ihn durch Tilgungsvermögen wieder verlassen können. Nur dann gibt es so viele Schulden bei den Marktteilnehmern, wie für ein gutes wirtschaftliches Gedeihen notwendig sind. Zwischen allen Sachgütern und allem Geld bestünde (z. B. zugunsten einer situationsangemessenen Kalkulation bei den Produzenten oder einer sicheren Altersversorgung) ein hinreichend stabiles Wertegleichgewicht. Das Gleichgewicht ist gestört, wenn sich eine widernatürlich geschöpfte Geldmenge am Markt befindet. Aber wie kommt es zu einer widernatürlich geschöpften Geldmenge?

In einer gesunden Finanzwirtschaft sollte bei der Geldschöpfung der Wert eines Tilgungsversprechens nie höher angesetzt werden als der Wert des ihm als Deckung zugrunde liegenden Tilgungsvermögens. Dadurch wird verhindert, dass ungedecktes Geld auf den Markt kommt. Werden bei der Bewertung der Tilgungsvermögen, also bei den Bonitätsprüfungen, Fehler dahingehend gemacht, dass diese Vermögen im Hinblick auf die Marktgegebenheiten überbewertet sind, dann kann es leicht zum Tilgungsausfall kommen.

Durch Tilgungsausfälle, wenn sie nirgendwo aufgefangen werden, verbleibt Geld in der Welt, dem die Deckung fehlt. Das heißt, Geld kann nicht mehr bzw. nur zum Teil wieder vernichtet werden. Solches Geld ist „Luftgeld" im wahrsten Sinne des Wortes. „Luftgeld" ist zwar irgendwie Geld, aber nicht gemäß der oben zitierten Gelddefinition. Ihm fehlt – oft aufgrund von Inkompetenz, Nachlässigkeit oder Profitgier der Kreditoren – ein für die Geldvernichtung ausreichendes Tilgungspotenzial.

Eine gute Geldwirtschaft zeichnet sich dadurch aus, dass dem neu geschaffenen Geld immer Sachgut gleichen Wertes korrespondiert. Dieses wird durch Realisierung des dem Gelde zugrunde liegenden Potenzials erzeugt. Fehlt diese Korrespondenz, dann gerät der Wert der real vorhandenen Sachgutmenge in ein Missverhältnis zum Wert der umlaufenden Geldmenge. Überall dort also, wo eine Realisierung von Leistungspotenzial nicht erfolgt und wo zudem die dadurch verursachten Tilgungsausfälle nicht durch Ausbuchen aufgefangen werden können, z. B. bei einem Bankencrash, entsteht die oben angesprochene „widernatürlich geschöpfte

Geldmenge". Der Markt wird das über kurz oder lang mit einem Preisanstieg bestrafen. Wenn dieser signifikant und von Dauer ist, sprechen wir von Inflation. Es ist aber nur der *ungedeckte Teil* der Geldmenge, der sich inflationär auswirkt.

„Luftgeld" entsteht vor allem dadurch, dass gehortete Wertschriften tilgungsunfähiger Schuldner monetisiert werden. Diese Wertschriften sind gewissermaßen schon luftgeldschwanger. Bei ihrer Monetisierung kann mehr Geld in die Welt gelangen als eigentlich sollte. Erwacht dann irgendwann der Kaufwille der Wirtschaftssubjekte, fehlt nicht mehr viel auf dem Weg hin zur Inflation.

Das durch Tilgungsausfall entstandene „Luftgeld" befindet sich in der Regel in einem Gemisch mit echtem (gedecktem!) Geld auf dem Markt, sodass die Inflation, die es bewirkt, nicht allzu krass ausfällt. Die Mischung „gedecktes Geld – Luftgeld" dämpft die Inflation. Inflation wird in der Regel nicht durch eine *gänzlich* ungedeckte, sondern durch eine *unvollständig* gedeckte Geldmenge ausgelöst.

Um den Sachverhalt durchsichtiger zu machen, nehmen wir einmal an, die Geldmenge sei eine Invariante. Kann es dann trotzdem Inflation geben? – Meine Antwort lautet: Ja. Viele Ökonomen würden mir hier aufgrund ihrer Theorien widersprechen. Ich will meine Antwort begründen.

Betrachten wir einen Tauschvorgang im Finanzbereich. Hier gibt es Demonetisierungen: vorhandenes (z. B. gespartes) Geld wird verwandelt in nicht monetäre Schuldtitel, etwa durch Ankauf irgendwelcher Wertschriften. Bei einem solchen Tausch kann der Wert des Leistungspotenzials, das die Wertschriften decken soll, einerseits (vom Emittenten) zu hoch angesetzt, andererseits (vom Erwerber) zu hoch eingeschätzt werden. Durch beides kann eine Unterdeckung bei den Wertschriften entstehen. Dennoch erfolgt der Geldtausch mit ihnen wertmäßig 1 zu 1, wobei das in diesen Tausch einfließende Geld durchaus gedeckt sein kann. Mit den nicht monetären Schuldtiteln gelangen aber jetzt Finanzmittel in die Welt, die nicht oder nicht vollständig gedeckt sind.

Nun gibt es immer auch Remonetisierungen: nicht monetäre Schuldtitel (etwa Wertschriften) werden wieder zu Geld. Die Remonetisierung wird in unserem Fall – bei dem ja eine Unterdeckung besteht – auch wieder zum Kurs 1 zu 1 stattfinden müssen, sofern sie bilanziell korrekt ablaufen soll. Denn wie kann sich in den jeweiligen Bilanzen des Finanzsystems bei dem dort ständig strömenden Umlauf die 1 zu 1-Relation verschieben, ohne dass jemand sie auf einer der Umlaufstationen verfälscht?

Das bilanziell korrekte Finanzspiel geht aber nur dann gut aus, wenn die Leistungspotenziale, die anfangs bei der Demonetisierung als Deckung unterstellt wurden, sich zu dem Zeitpunkt, an dem die Remonetisierung stattfindet, voll entfaltet haben. Aber diese Entfaltung hat – eben wegen der Unterdeckung – nicht stattgefunden. So fehlen jetzt Güter für den Kauf auf dem Markt. Es trifft die remonetisierte Geldmenge auf zu wenig Kaufgut. Dieses Missverhältnis entstand nicht durch ein Anwachsen der Geldmenge, denn die blieb ja konstant (s. o.), sondern durch das *Ausbleiben der Sachgüterproduktion!*

Das Potenzial, das beim Erstkauf der Schuldtitel zugrunde gelegt wurde und das die Erfüllung des Tilgungsversprechens garantieren sollte, realisiert sich nicht. Eine Wertschöpfung im Bereich der Sachgüter, die für eine Tilgung erforderlich gewesen wäre, findet nicht statt. Das bewirkt ein Wertungleichgewicht, das zeitnah nicht zu beseitigen ist. Es sind jetzt mehr Werteinheiten von Geld auf dem Markt als Werteinheiten von Sachgut. Die von den Käufern verlangte Sachgütermenge, die eigentlich hätte erwartet werden dürfen, fehlt. In dieser Situation wird es unweigerlich einen Wertausgleich geben: die Sachgüterpreise steigen.

Wenn die Sachgütermenge, die sich auf dem Markt befindet, zu klein ist, reicht das Angebot nicht aus, um die Nachfrage zu befriedigen, die aufgrund des jetzt auf dem Markt wieder vorhandenen Geldes entstehen kann. Dies veranlasst auf längere Sicht entweder die Anbieter, höhere Margen zu verlangen oder die Nachfrager, höhere Margen zu bieten. Beides birgt Inflationspotenzial.

Das Missverhältnis zwischen dem Wert der Geldmenge und dem Wert der Sachgütermenge könnte dadurch beseitigt werden, dass eine Wertberichtigung bei den nicht monetären Schuldtiteln stattfindet – irgendwo bei ihrer Wanderung durch die Finanzwelt (Versicherungen, Banken, Zentralbanken). Entweder ein momentaner Besitzer nimmt diese Berichtigung vor. Oder sie wird ihm von einem eventuellen Käufer aufgezwungen. Der verlangt beim Erwerb des Schuldtitels einen Preisabschlag. So käme bei der Remonetisierung ein 1 zu 1-Tausch nicht mehr zustande. Es würde aus den Titeln weniger Geld entstehen, als beim Ankauf für ihn hergegeben wurde. Das heißt, es käme eventuell am Ende nur so viel Geld auf den Markt, wie an preislich unverändertem Kaufgut dort vorhanden ist. Denn ein Teil des beim Schuldtitelkauf hergegebenen Geldes war durch die Wertberichtigung vernichtet worden.

Die Geldvernichtung durch Wertberichtigung ist bilanziell ein Ausbuchungsvorgang. Irgendjemand auf den verschiedenen Stationen des Finanzmitteldurchlaufs hat jetzt einen Verlust. Er büßt für den Fehler, der beim erstmaligen Ankauf der Schuldtitel gemacht wurde. Das Ausbuchen hat keinen Einfluss auf die Deckung der in Umlauf befindlichen Geldmenge. Es ist ein privater Vermögensverlust. An dem Gleichgewichtsverhältnis „numerischer Wert des Geldes" – „numerischer Wert aller auf dem Markt befindlichen Güter" ändert sich nichts. Das Ausbuchen ist eine durchaus rechtmäßige, wenn auch unerfreuliche Art der Geldvernichtung, ebenso wirksam wie eine ordnungsgemäße Tilgung. Gelingt das

Ausbuchen nicht oder nicht vollständig – eine Gläubigerinstanz und deren Sekundärgläubiger überstehen den Tilgungsausfall nicht – dann kursieren fortan Finanzmittel auf dem Markt, deren Tilgungspotenzial (Schuldenvernichtungspotenzial) nicht oder nicht vollständig vorhanden ist.

Das Problem „Unterdeckung" kann eigentlich nur durch die soeben erwähnten beiden Methoden sachgerecht gelöst werden: Vor der Remonetisierung muss ein Wertabschlag stattfinden. Geschieht das nicht, vollzieht sich die beschriebene „Vererbung" der Unterdeckung beim Durchlauf der Finanzprodukte durch die Institute. Weil die Unterdeckung bilanzmäßig unauffällig ist, bleibt die Gefahr, die daraus erwachsen kann, für das Publikum zunächst unbemerkt, eventuell über Jahre hinweg

Die durch einen Tilgungsausfall verursachte Preiserhöhung bleibt nicht auf den Gütersektor bestimmter Schuldtitel-Emittenten beschränkt, sondern breitet sich im Laufe der Zeit auf den gesamten Sachgütermarkt aus. Wenn zum Beispiel eine Verkehrsnetzverwaltung die Straßen und Brücken nicht instand hält, entsteht dort über kurz oder lang Chaos. Oft steht der Verkehr oder verlangsamt sich ungebührlich. In der Folge erhöhen sich die Kosten z. B. für den Transport von Nahrungsmitteln, für deren Frischhaltung oder gar ihren Ersatz. Die Nahrungsmittelankäufer der Verteilermärkte müssen die Kosten, die jetzt für sie höher sind, in die Endprodukte einpreisen. So kommt das Versäumnis bei der Güterproduktion im Bereich Straßenbau irgendwann beim Endverbraucher als inflationäre Preissteigerung an. Die Käufer müssen jetzt entscheiden, ob sie nun noch kaufen oder nicht. Jedenfalls hat sich ihre Kaufkraft verringert.

Inflation und Geldmenge stehen also in enger Beziehung zueinander. Eine zu große Geldmenge erzeugt Inflation. Treffender würde man es anders ausdrücken: Eine zu kleine Sachgütermenge erzeugt Inflation. Mit dieser Redewendung würde man gleich den richtigen Weg einschlagen und die Ursache bei einer nicht erfolgten Sachgüterproduktion bzw. Sachgüterlieferung suchen und nicht bei der Geldproduktion.

Die Redeweise „die Geldmenge ist zu groß" ist nicht falsch. Aber sie sollte durch die Redeweise „die Gütermenge ist zu klein" ersetzt werden. Denn die Rede von einer „zu großen Geldmenge" kann leicht in die Irre führen, sichtbar vor allem bei den absurden Versuchen, sie kleiner zu machen (s. Abschn. 3.5).

Nur eine „naive Quantitätstheorie" (Wagemann 1932) könnte der Auffassung sein, dass eine bloße Erhöhung der Geldmenge Inflation verursache. Aus fast allen ideologischen Lagern der Geldtheorie hört man den Satz: Inflation korreliert positiv mit der Geldmenge. Aus den bisherigen Analyseergebnissen folgt aber: Nicht eine zu große Geldmenge, sondern das Fehlen der vollständigen Deckung der Geldmenge ist Ursache für Inflationen. Die Inflation korreliert zwar positiv mit der

Geldmenge. Aber dieser Sachverhalt ist ökonomisch irrelevant und trivial. Diese Korrelation sagt nichts über die wahre Ursache von Inflationen. *Wesentlich aussagekräftiger ist die negative Korrelation der Inflation mit der Gelddeckung* (dem Leistungspotenzial der Kreditnehmer). Die Rede von einer „Geldschwemme" oder einer „giftigen Geldflut" (Wirtschaftswoche 42/2020) macht nur Sinn, wenn man sie auf *ungedecktes* Geld bezieht.

Erst die mangelnde Gelddeckung erzeugt eine „zu große" Geldmenge und damit Inflation. Eine Geldmenge kann noch so groß sein. Wenn im Gleichschritt mit ihr auch die Sachgütermenge wächst, bleiben die Preise stabil. Mit der Entnahme von Geld aus dem Hort (dem Portemonnaie) muss die Entnahme von Gütern aus dem Hort (der Lagerhalle) Schritt halten.

Eine Geldmenge kann so groß sein, wie sie will. Es darf nur kein ungedecktes Geld darunter sein. Eine inflationäre Geldwirtschaft ist eine Geldwirtschaft mit Gelddeckungslücken. Die Lücken bewirken, dass zu wenig Güter für den Kauf zur Verfügung stehen. Solange sich die Käufer zurückhalten, also solange die ungedeckten Finanzmittel nur gehortet werden, ändert sich am allgemeinen Preisgefüge der Sachgüter nichts. Aber wehe, der (genötigte oder vielleicht hysterisierte) Kaufwille erwacht.

Das für die Deckung der Schuldtitel erforderliche Leistungspotenzial kann bei den Aufkäufern der Titel übersehen werden. Das hat zunächst keine negativen Auswirkungen auf die Wirtschaft. Und zwar deshalb nicht, weil auf der Wegstrecke Geld → Schuldtitel → Geld überall nominal 1 zu 1 gekauft und immer 1 zu 1 weiterverkauft wird. Wenn die Titel aber am Ende der Strecke die Basis für eine 1 zu 1 Geldschöpfung sind, was ja normalerweise der Fall ist, dann können die befürchteten negativen Folgen auf dem Markt nicht ausbleiben. Davon bemerken die Marktteilnehmer zunächst nichts. Solange die Geldschöpfung nur als Potenzial vorhanden ist, das Geld also „auf Halde liegt", besteht zwar schon Grund zur Unruhe. Aber von Preissteigerung am Markt ist noch nichts zu spüren. Es ist sozusagen nur ein monetäres „Pulverfass" entstanden (Sinn 2021). Die Explosion des Fasses erfolgt, wenn der Wille zum Kauf (aus drängender Not, Angst oder purer Lust heraus) erwacht, und dies bei vielen Leuten.

Das unerfreuliche Faktum bei einer Inflation ist: Wir haben Geld und wollen kaufen, aber die Waren fehlen. Sie fehlen, weil sich ein vermeintlich existentes Güterlieferpotenzial bzw. Gütererzeugungspotenzial nicht entfaltet hat. Beim Kauf von nicht monetären Schuldtiteln ist nicht beachtet worden, dass dieses Potenzial nicht oder zumindest nicht vollständig vorhanden war. Auf ein solches Versäumnis antwortet der Markt immer mit Inflation, und zwar dann besonders, wenn viele Leute viele Güter kaufen wollen.

Man kann nur hoffen, dass sich die Besitzer ungedeckter Schuldtitel einigerma-
ßen zurückhalten und ihre gelagerten Schätze nicht alle auf einmal plündern. Räu-
men sie ihre Horte und lassen ihre nicht monetären Schuldtitel scharenweise zu
Geld machen, dann könnten sie die Güter vermissen, die sie erwerben wollen. Der
Käufer- und Geldschwemme korrespondierte eine Güterknappheit – der sichere
Weg in die Inflation.

Der Sachverhalt, dass Inflation und Gelddeckung in engem Zusammenhang
miteinander stehen, kann sich der sogenannten Modern Monetary Theorie (MMT)
nicht erschließen. Die MMT beherrscht heute das Bewusstsein vieler Ökonomen.
Sie beschreibt zwar die bilanziellen Vorgänge beim Finanzmitteldurchlauf korrekt,
erkennt aber die Bedeutung der Gelddeckung nicht. Gerade aber die Gelddeckung
ist das maßgebliche Konstituens für das Verstehen der Inflation. Die Bewusstseins-
blockade der MMT-ler ist der Eifrigkeit, ja geradezu Blindwütigkeit geschuldet,
mit der sie der Ideologie eines Georg Friedrich Knapp (1905) gefolgt sind. Sie bilden die Gemeinde der Chartalismus-Gläubigen, für die der Geldtheoretiker Knapp
der Heiland ist. Auch John Maynard Keynes gehört zu den Heiligen, die von ihnen
verehrt werden. Damit katapultieren sie sich aus jedem vernünftigen geldtheoretischen Diskurs.

2.6.3 Der Einfluss der Banken

Eine Inflation kann verschiedene Ursachen haben. Eine davon ist sicher das Ausbleiben der Gütermenge, die ein kreditierter Marktteilnehmer eigentlich hätte liefern bzw. erzeugen sollen, was der aber nicht tut bzw. nicht tun kann. Die Banken,
so heißt es zuweilen, hätten einen Anteil an diesem Debakel. Sie wirkten an der
Demontage des Geldwesens mit. Lässt sich dieses Urteil beweisen?

Neues Geld kommt nur durch das Zusammenkommen von Kreditoren und Debitoren zustande (s. Abschn. 2.4 f. und 2.5 ff.). Solches Geld kann durch Leistungspotenziale gedeckt sein oder auch nicht. Ist es das nicht, dann erhalten wir am
Markt irgendwann einen größeren Nominalwert an Geld als an Sachgütern
(s. Abschn. 2.6.2). Eine Inflation entsteht immer dann, wenn die Summe der Wertmaßeinheiten des auf dem Markt befindlichen Geldes die Summe der Wertmaßeinheiten der zum Verkauf stehenden Sachgüter signifikant und dauerhaft übersteigt.

Weil Geld nur durch das Zusammenkommen von Kreditoren und Debitoren zustande kommt, können *beide* Parteien ein Quell für eventuelle Misshelligkeiten auf
dem Finanzsektor sein, z. B. für Inflationen. Nun sind auch die Banken Kreditoren,
sogar die bedeutendsten unter allen. So besteht bei ihnen zumindest die Möglichkeit, dass sie ursächlich sind für eine Inflation.

Oft findet der Verleih oder die Erzeugung von Geld im Gegenzug zur Emission von Anleihen und Wertschriften statt, also im Gegenzug zur Emission nicht monetärer Schuldtitel. Die Schuldtitel werden den Schuldnern zum Kurs 1 zu 1 mit bereits geschöpftem Geld abgekauft und als Aktiva z. B. in die Bilanzen der Banken gestellt. So gelangen die Titel vom Sachgütermarkt weg und in den Finanzmarkt hinein. Mit ihnen wird dort weitergearbeitet. Dabei fungiert das Bankensystem wie eine große Wechselstube, in der Finanzmittel unterschiedlicher Substanzhaltigkeit gekauft, verkauft und auf diese Weise einen Bereich völlig abseits des Sachgütermarkts durchlaufen. Sie verschwinden vom Markt quasi wie in einem *Tunnel*.

Nun können nicht monetäre Schuldtitel nicht oder nur ungenügend durch Leistungspotenziale der Emittenten gedeckt sein. Die Emittenten solcher Titel (Debitoren) können deren Wert nominal zu hoch ansetzen, ob aus Absicht oder aus Dummheit, und mit dieser Überbewertung verkaufen. Die Käufer der Titel (Akzeptanten, Kreditoren) können dieser Bewertung zustimmen, auch wieder aus Absicht oder aus Dummheit. Stimmen sie dem Wertansatz der Emittenten zu, dann kaufen sie die wertmäßig eventuell als zu hoch eingeschätzten Schuldtitel gewissermaßen unbesehen.

Die anfängliche Unterdeckung der Schuldtitel vererbt sich auf das Geld, was am Ende des Finanztunnels aus ihnen wieder geschaffen wird. Das geschieht beim Verkauf dieser Titel durch den momentanen Besitzer, und zwar auch wieder zum Nominalwert 1 zu 1, Die Unterdeckung auf der Strecke: Finanzmittel am Markt (Geld) → Finanzmittel im „Tunnel" (nicht monetäre Schuldtitel) → Finanzmittel wieder am Markt (Geld) verschwindet, wenn sie an irgendeiner Stelle bereinigt wird. Das kann durch die Bank, welche die Titel hält, selbst geschehen (Wertberichtigung in deren Bilanz) oder durch einen Schuldtitelkäufer. Der bietet der Bank einen im Vergleich zum Nominalwert des Titels geringeren Geldbetrag (s. Abschn. 2.6.2). Beim Käufer findet dabei nur ein Aktiventausch statt. Bei der Bank hingegen eine Aktivenschrumpfung. Dadurch gehen der Bank Ressourcen verloren.

Die Bank muss also im Nachgang für eine irgendwo früher einmal stattgefundene fehlerhafte Bonitätseinschätzung büßen. Damit kann aber zumindest die Unterdeckung der Schuldtitel beseitigt werden. Die auf diese Weise kleiner werdende Gesamtgeldmenge ist dann wieder der Sachgutmenge wertmäßig adäquat, die sich auf dem Markt befindet. Denn die Gütermenge war ja wegen fehlendem Gütererzeugungspotenzials klein geblieben (s. Abschn. 2.6.2).

Geschieht hingegen beides nicht, weder die Wertberichtigung bei den Schuldtiteln in der Bank, noch eine Wertminderung durch einen Schuldtitelkauf eines Dritten, dann schleicht sich, obwohl bilanziell alles korrekt abläuft, die Unterdeckung unbemerkt in die Gesamtgeldmenge ein. Solange solche Titel nur in den Depots des Bankensystems liegen, entsteht kein Schaden. Sobald sie die Depots aber verlassen und wieder 1 zu 1 in Geld verwandelt werden, tritt das Deckungsproblem unbarmherzig auf den Plan. Es ist dann am Markt vielleicht nur wieder so viel Geld vorhanden wie vor dem Schuldtitelkauf. Aber das als wertgleich unterstellte Leistungspotenzial der Titel-Emittenten konnte sich zwischenzeitlich nicht realisieren. Es fehlt jetzt Sachgut. Somit ist mehr Wert an Geld da (bzw. bei Bedarf abrufbar) als an Wert von Sachgütern.

Das Leistungspotenzial als Deckung der Schuldtitel fehlt also nicht erst, wenn die Titel als Geld auf den Markt zurückfließen. Es war von vorneherein nicht da, d. h. zum Zeitpunkt der Emission (also am Eingang des Finanztunnels). Das dort schon injizierte Gift pflanzt sich fort auf dem oben beschriebenen Weg. Auf diesem Weg ereignet sich – falls alles bilanztechnisch korrekt abläuft – zwar nominell kein Wertverlust. Und alles an der Oberfläche sieht gut aus. Aber genau hierin besteht die Gefahr für die Wirtschaft. Denn die Unterdeckung der Finanzmittel gelangt jetzt unbemerkt über die verschiedenen Durchlaufstationen des „Finanztunnels" bis hin zu dessen Ende (dem Tunnelausgang). Und am Tunnelende beginnt der Sachgütermarkt. An diesem Markt gibt es jetzt die Gütermenge nicht, die eigentlich aufgrund der real existierenden Geldmenge dort vorhanden sein müsste. Es gibt sie nicht, weil es die bei der einstmaligen Bonitätsprüfung als vorhanden unterstellten Güterliefer- bzw. Gütererzeugungspotenziale nicht gab. Diese Potenziale hätten eigentlich realisiert und die Güter hervorbringen sollen.

Wir sehen jetzt: die Inflation entsteht zwar erst am Ende des Finanzmittelkreislaufs. Ihre Ursache muss jedoch am Anfang gesucht werden: beim Emissions- und Ankaufprozess von nicht monetären Schuldtiteln.

Um eine fehlende Deckung bei einem nicht monetären Schuldtitel festzustellen, dafür sollten vor allem die *Ankäufer* solcher Titel wache Augen haben. – Und wer steht an der Ladentheke, wenn solche Titel verkauft werden? Es sind die Banken mit ihren Kombattanten im Hintergrund, die sogenannten Rating-Agenturen – vielleicht noch ein paar Versicherungsgesellschaften, Pensionskassen oder sonstige Großinvestoren. Die Banken schachern bei der Versteigerung der Titel eifrig mit. Und bei all ihrer Schacherei vergessen sie oft ihre heiligste Pflicht: die Bonitätsprüfung bei den Schuldnern. Auch wenn die Banken die Bonitätsprüfung an (vielleicht dubiose) Rating-Agenturen delegieren, die Verantwortung für den Schuldtitelkauf tragen sie allein.

Die Anreize bei der Ermittlung der Bonität der Emittenten nicht monetärer Schuldtitel können so vernunftwidrig gesetzt sein, dass kein großes Interesse besteht, die Ermittlung sachgerecht vorzunehmen. Auch Unprofessionalität kann mitspielen. Das bedeutet am Ende: Es wird nominal 1 zu 1 Geld hergegeben gegen ungedeckte Schuldtitel. Dabei wird Volldeckung bloß *unterstellt* bzw. *untergeschoben*.

Beim Durchlauf der Finanzmittel durch den Finanztunnel muss sich also am nominalen Wert der Mittel nichts ändern. Erst dann, wenn festgestellt werden muss, dass sich das beim Wertschriftenankauf unterstellte Leistungspotenzial nicht entfaltet hat, also zum Zeitpunkt des gewünschten Sachgüterkaufs, wird das Debakel offenbar: Die erwarteten bzw. verlangten Güter sind nicht da oder nicht in ausreichender Menge. Und jetzt ereignet sich genau das, was in den Abschn. 2.6 und 2.6.2 beschrieben wurde: Wenn ein Kaufwille bei Vielen vorhanden ist oder aus irgendeinem Grunde plötzlich erwacht, ziehen die Preise an, manchmal auf rasante Weise.

Selbst wenn die allfällige Wertberichtigung bei den ungedeckten Schuldentiteln an keiner Stelle der Fahrt durch den Finanztunnel erfolgt und wenn auf dieser Fahrt alles bilanziell korrekt abläuft, kann die Katastrophe eintreten. Das kann nicht erst morgen geschehen, sondern sofort und ganz plötzlich. Die Auswirkungen der Versäumnisse bei Bonitätsprüfungen können also nicht erst die „späteren Generationen" treffen, wie vielfach befürchtet und auch beschrien („Unsere Kinder müssen unsere Schulden zahlen", „Nach uns die Sintflut"). Sie können schon heute, und zwar *jeden* Marktteilnehmer treffen. Der Grund? – Das aus ungedeckten Schuldtiteln generierte und deshalb ungedeckte Geld, das zunächst vielleicht noch nicht ausgegeben wird, sondern zurückgelegt und gespart wird, kann *jederzeit* in den Markt gelangen, und zwar aus einem beliebigen Hort heraus, zumeist aus den elektronischen Tresoren der Banken. Geschieht dies massenhaft und aus angstgetriebener Hysterie heraus, haben wir ein Problem – unter Umständen ein gewaltiges. Die Preise können rapide in die Höhe schießen.

Die immer häufiger an die Obrigkeit herangetragene Klage, sie solle die Gesetze für den Finanzsektor verschärfen, um dortige Fehlentwicklungen zu vermeiden, geht am Kern der Sache vorbei. Wie will man mit einem Gesetz ein Kompetenzdefizit oder eine Pflichtverletzung bei Bonitätsprüfungen verhindern? Mit dem flotten Spruch „Die Banken müssen in die Schranken!" ist es jedenfalls nicht getan. Regulatorische Maßnahmen bewirken diesbezüglich nichts. Zur Lösung des Problems wird das Bankensystem wohl *stärker in die Haft* genommen werden müssen! Nur diese Maßnahme kann die Folgen jener Risikofreiheit beseitigen, in der sich die Banken in den letzten Jahrzehnten bewegen durften. Die sogenannten „Freiräume der Analysten", die darauf hinauslaufen, dass Gewinne bei den Bankinhabern reichlich ausgeschüttet werden, Verluste aber alle Geldnutzer tragen müssen, könnten dann verschwinden.

Über die Folgen ungezügelter Risikofreiheit und der Entlastung von individueller Verantwortung hat uns die Moral-Hazard-Theory hinreichend belehrt (z. B. Picot 2003; Lengwiler 2011; Mankiw und Taylor 2021). Die Theorie besagt, dass Menschen große Risiken eingehen und sich auf gefährliche Abenteuer einlassen, wenn sie ihr Handeln nicht selbst verantworten müssen. Wenn Individuen davon befreit werden, die Folgen ihrer Handlungen zu tragen, weil die Möglichkeit besteht, die Kosten auf Andere abzuwälzen, weckt das die Versuchung, leichtsinnig oder gar kriminell zu werden.

Speziell für den Bankensektor heißt das: Mit Kunden- oder Eigengeld (d. h. Forderungen gegen sich selbst; s. Abschn. 2.5.3) Schuldtitel aufkaufen, die nicht oder kaum durch Leistungspotenziale gedeckt sind. Weil die eventuellen Verluste solcher Risikokäufe am Ende die Nichtbanken tragen müssen (und in einer entwickelten Wirtschaft sind das *alle* Marktteilnehmer) wird das Risiko der Geldunterdeckung infolge eines Fehlverhaltens, das ursprünglich *individuell* war, *sozialisiert,* nämlich in Form einer Inflation.

Aus den Erörterungen des Abschn. 2.6.2 und dem soeben Gesagten ist zu lernen, wie ungemein wichtig die Bonität (Gelddeckung) für das Thema „Inflation" ist und wie unwichtig dagegen die Geldmenge. Versagen geldgebende Kreditoren bei der Bonitätsprüfung, und das sind in der Regel die Banker, dann verunmöglichen sie die für eine gesunde Finanzwirtschaft unerlässliche Geldvernichtung (Tilgung der Schulden). Sie schaffen damit einen ungedeckten Anteil an der Gesamtgeldmenge. – Ja, man kann sagen, die neuerlich zu beobachtenden Turbulenzen auf den Finanzmärkten gehen wesentlich auf die Nichtbeachtung der Bonitätskriterien zurück, vielleicht außerdem noch – wie bei dem US-amerikanischen Community Reinvestment Act (s. Abschn. 3.3) – auf die Unzulänglichkeit staatlicher Gesetzgebung.

In sachgerecht organisierten Finanzwirtschaften gilt ein Grundsatz: Alle Gelder sollten durch Leistungspotenziale (= Güterlieferpotenziale = Schuldentilgungspotenziale) vollständig gedeckt sein. Die Volldeckung ist unabdingbar, sollte keine Demontage des Geldwesens stattfinden. Den Volldeckungsgrundsatz müssen vor allem jene Marktteilnehmer beherzigen, die nicht monetäre Schuldtitel prüfen. Das sind auftragsgemäß die Banken.

Unter den Banken ist es vor allem die Zentralbank, die beim Schuldtitelgeschäft nicht nur beteiligt, sondern federführend tätig ist. In ihren Tresoren sammeln sich viele der auf dem Finanzsektor kursierenden nicht monetären Schuldtitel – und nicht immer die solidesten. die Zentralbank hat gegenüber den Geschäftsbanken etwas voraus. Sie hat keine Geldschöpfungsgrenze.

Viele nicht monetäre Schuldtitel haben eine Eigenschaft, die von Manchem als Vorteil gesehen wird, für die Geschäftsbanken unter Umständen aber ein Handicap darstellt: Sie haben lange Laufzeiten/Einlösefristen. Der Nachteil besteht darin, dass sie nicht auf Knopfdruck monetisierbar sind. Denn ihr Emittent besteht auf der Einhaltung der vertraglich vereinbarten Laufzeit. Die Geschäftsbanken sind aber darauf angewiesen, ihre Schuldtitel (bilanziell verzeichnet in ihren Aktiven) jederzeit monetisieren zu können, und besonders immer dann, wenn ihre investitions- oder konsumtionsaktive Kundschaft Geld braucht.

Ist nun die Unterdeckung bestimmter Schuldtitel allgemein bekannt, heißen sie im Börsenjargon *Schrottpapiere*. Hat ein Privatier oder ein Finanzinstitut solche „Papiere", z. B. des griechischen Staates, dann will keiner sie haben. Die Bank, die solche Titel hält, findet keine Käufer, sodass das von ihren Kunden benötigte Geld nicht herangeschafft werden kann. Das bedeutet, die erforderliche Monetisierung kann nicht stattfinden. In einer solch prekären Situation ist die Zentralbank letzte Anlaufstelle, quasi als Retterin in der Not.

Die Zentralbank ist die willige Abnehmerin unverkäuflicher Schuldtitel. Sie kauft sie zum Kurs 1 zu 1 und verschafft damit den Geschäftsbanken die flüssigen Mittel, die sie brauchen. Sie hat dadurch zwar keinen Einfluss auf die Geldmenge, wie Viele fälschlicherweise glauben (s. u. Abschn. 3.3). Aber sie hat Einfluss auf die Werthaltigkeit der Titel, die ihr die Geschäftsbanken als Gegenleistung bei der Refinanzierung zur Verfügung stellen. Als oberste Bonitätsprüfstelle des Bankensystems könnte sie verlangen, dass die Geschäftsbanken Wertberichtigungen an den von ihnen zum Umtausch angebotenen Titeln vornehmen. Sie könnte im Ernstfall sogar selbst solche Berichtigungen vornehmen. Wir beobachten aber: Beides geschieht nicht.

Die Zentralbanken sind die Werterhaltungsgaranten der im Bankensystem umlaufenden nicht monetären Schuldtitel – auch der ungedeckten! Sie haben ihrerseits die Garantie, dass ihnen zum Fälligkeitstag der Emittent die Schuldtitel zum Kurs 1 zu 1 wieder abnimmt – auch die ungedeckten. Ob das bei manchen Emittenten jemals geschehen wird, steht in den Sternen (s. Abschn. 3.2). Aber das kann einer Zentralbank egal sein. Ihre Geldschöpfungskraft zum Zwecke des Wertschriftenkaufs ist solange unbegrenzt, bis ihre Eigentümer eine Grenze setzen. Nur: – die Eigentümer sind die Hauptschuldner der Bank. Sie werden deshalb die Grenze nicht setzen.

Die Zentralbanken können jeden Schuldtitel, ob gedeckt oder ungedeckt, in Geld verwandeln. Deshalb ist bei ihnen die Gefahr besonders groß, die die Moral-Hazard-Theory be-schreibt. Das bedeutet im vorliegenden Fall: gewissenlos über Wertschriftenankäufe und neuerdings sogar über selbst emittierte Wertschriften Geld auf den Markt bringen, das nicht durch Leistungspotenziale gedeckt ist. Dubiose Ankäufe von Wertschriften erfolgen besonders dann, wenn Geschäftsbanken und Assekuranzen ermöglicht wird, nicht ausreichend gedeckte Schuldtitel zum Nominalpreis an die Zentralbank abzustoßen.

Die Inflation, die die Zentralbanken eigentlich bekämpfen soll und will, ist durch die heute übliche Geldschöpfungspraxis und deren Theorie geradezu vorprogrammiert. Das Geld wird vielfach aus nicht monetären inflationsschwangeren Schuldtiteln gewonnen. Und der erstmalige Einkauf solcher Titel und das Hineinbringen in den Finanzmarkt geschieht vor allem durch die Banken. Dabei steht die

Zentralbank an prominenter Stelle. Denn sie ist Letztaufkäuferin und somit Letztakzeptantin auch jener Titel, die nur zum Schein durch Leistungspotenziale gedeckt sind. Insofern kann nicht nur irgendeine Bank, sondern vor allem die Zentralbank Auslöserin der Inflation sein. Zu deren Bekämpfung war deren fürstlich entlohntes Personal – es kostete im Jahre 2021 in Europa über 278 Mio. € – ursprünglich eigentlich verpflichtet worden und angetreten.

Übrigens können zumindest Geschäftsbanken noch auf ganz andere Weise preistreibend wirken. Sie richten z. B. auf vielen Girokonten sogenannte Überziehungskredite ein. Das tun sie in der Regel, ohne die Bonität der Schuldner ordnungsgemäß zu prüfen. Das führt dazu, dass häufig Tilgungen ausfallen und die Banken auf den dadurch verbleibenden Schulden sitzen bleiben. Die daraus erwachsenden Verluste gleichen sie auf recht bequeme Art und Weise aus. Sie setzen einfach die Zinsen für Überziehungskredite bei *allen* Girokonteninhabern ungewöhnlich hoch an. Unterm Strich halten sie sich dadurch schadlos. Aber die Community der Girokontennutzer blutet für das lasche Prüfungsverhalten im Finanzsegment „Überziehungskredit". Der bonitätsmäßig großzügig veranschlagte Überziehungskredit verteuert den Zins für alle. Auch hier werden die Folgen individueller (Fehl-)Entscheidungen und Versäumnisse sozialisiert.

Bei der Höhe der Einkünfte der Banker sollte man erwarten dürfen, dass sie zumindest *ihren* Anteil in puncto Preisstabilität beitragen. Allein die Deutsche Bank hat laut Frankfurter Allgemeiner Zeitung vom 08.05.2019 sage und schreibe 683 Mitarbeiter, die über eine Million Euro im Jahr verdienen. Sollten eines Tages alle Banker professionell arbeiten, würde zutage treten, dass nicht nur sie, sondern auch die „Tarifpartner" maßgeblich für Inflationen verantwortlich sind.

2.6.4 Der Einfluss der „Tarifpartner"

Nicht nur das Verhalten von Schuldtitelemittenten, Banken, Käufern und Verkäufern kann die Sachgüterpreise in die Höhe treiben. Sachgüter werden auch dann teurer, wenn flächendeckend und branchenübergreifend Lohnerhöhungen verabredet werden. Die ziehen nach den Verhandlungen der „Tarifpartner" gewöhnlich Preiserhöhungen nach sich. Dieses Phänomen ist Gegenstand der Theorie über die sogenannte „Lohn-Preis-Spirale".

Sowohl die Gewerkschaften als auch die Unternehmen sind zwecks Tarifverhandlungen, d. h. Verhandlungen über die Arbeitslöhne, zu Kartellen vereinigt. Tarifkartelle sind Quasimonopole. Wegen der gebietsübergreifenden Macht dieser Monopole kann eine Erhöhung der Arbeitslöhne sofort auf die Güterpreise abge-

wälzt werden. Danach pendelt sich das Wertegleichgewicht zwischen zirkulieren-
der Geldmenge und Realgütern relativ schnell wieder ein – allerdings auf einem
anderen Niveau.

Aufgrund der Absprachen der „Tarifpartner" wird eine Preisgestaltung bewirkt,
bei der nur die keinen Schaden erleiden, die diesen Kartellen angehören. Alle anderen sind die Dummen. Der Vorteil der Kartellangehörigen geht zulasten der Rest-
bevölkerung. Den Vorteil haben die Begünstigten aber nur, solange die Benachteiligten nicht nachziehen, d. h. für ihre Leistungen ebenfalls Lohnerhöhungen durch-
bringen. Kann dies aus irgendeinem Grunde nicht gelingen, erfolgt die soeben
erwähnte unerfreuliche Ressourcenumverteilung. Die Benachteiligten werden deshalb auf die Errichtung von allumfassenden Großkartellen drängen. Die gesell-
schaftliche Entwicklung geht bereits in diese Richtung.

Die Aktivitäten solcher Kartelle – zu Ende gedacht – bieten ein einigermaßen
amüsantes Bild:

Wir fingieren, die Angestellten eines Währungsgebiets seien zu einer branchenübergreifenden Supergewerkschaft vereinigt. Einmal im Jahr gehen alle protestie-
rend auf die Straße (Fähnchen und Spruchbänder). Ihre Funktionäre treffen sich
daraufhin mit den Funktionären der Unternehmenseigner, die gleichfalls zu einem
Superverband zusammengeschlossen sind. Beide Parteien verhandeln bis in die
Nacht. Am Ende ist eine Lohnerhöhung beschlossen, von der alle profitieren sollen. Für Renten und sonstige Outmarket-Einkünfte soll es Anpassungsklauseln
geben. Nach erfolgreichem Abschluss sind alle glücklich. Sie feiern ein fröhliches
Straßenfest (Lampions und Fackeln).

Allerdings: Nichts ist gewonnen. Ist nämlich arbeitslohnmäßig alles unter Dach
und Fach, kann die entsprechende Preisanpassung bei den Arbeitsprodukten erfolgen. Die Anpassung ist gerechtfertigt durch die nun höheren Arbeitskosten und ermöglicht durch den kartellbedingten Ausfall des Wettbewerbs. Jetzt sind nicht nur
die Einnahmen, sondern auch die Ausgaben höher – ein kleiner Wehmutstropfen.

Ein vernünftiges Handeln ist bei solcher Gemengelage eigentlich gar nicht
möglich. Im Gegenteil: Das Handeln artet aus in einen „Funktionärsradikalismus,
der sich über erkennbare Folgen hinwegsetzt" (Luhmann, 2019). Henry Hazlitt hat
unwiderleglich gezeigt, dass und warum überregional vereinigte Gewerkschaften
die Reallöhne nicht erhöhen können. „Der Glaube, dass sie das tun, geht auf eine
Reihe von Selbsttäuschungen zurück" (Hazlitt 2009).

Die Lohn-Preis-Spirale kann zweifellos mitbestimmend sein für eine Inflation.
Momentan haben wir allerdings eine Situation, in der wegen anderer Faktoren (s.
Abschn. 2.6.1 ff.) eine derart rasante Preissteigerung bei den Sachgütern in Gang
ist, dass der Inflationsfaktor „Lohn-Preis-Spirale" in den Hintergrund tritt, ja quasi

ausgehebelt erscheint. Die Gewerkschaften haben Mühe, bei ihren Lohnverhandlungen der Inflation hinterherzueilen und den Anschluss nicht zu verpassen. Der Einfluss der anderen Faktoren auf die Preisentwicklung ist so groß, dass das Anliegen der Gewerkschaften, bessere Löhne für ihre Mitglieder zu erzielen, bei zu geringer Kampfbereitschaft zur Farce wird.

Selbst wenn die Gewerkschaften nichts anderes leisten können, als durch Lohnkämpfe die Inflationsverluste ihrer Klientel auszugleichen, entsteht ein Nachteil für diese. Denn die Ergebnisse dieser Kämpfe kommen immer erst dann zum Tragen, wenn die Inflation schon einige Zeit wirksam war und die erhöhten Preise der Lebenshaltung mit den alten, noch niedrigen Löhnen beglichen werden mussten. Führen die Tarifverhandlungen schließlich zu höheren Löhnen, dann bewirken sie einen zusätzlichen Inflationsschub, und zwar von der Art, wie er oben beschrieben wurde.

Literatur

Argentarius (Pseudonym von Alfred Lansburgh), Vom Gelde, 3 Bände, Hamburg 1921 und 1923, Nachdruck Gärtringen 2016

Brestel, Heinz, Auf dem Weg vom Buchgeld zum Briefgeld, FAZ vom 23.8.1986

Cassirer, Ernst, Die Philosophie der symbolischen Formen, Bd. III, Darmstadt 1964

Eckardt, Dietrich, Theorie und Phänomenadäquanz – Die Arithmetik als Exempel, Überlingen 2020

Eckardt, Dietrich, Der Markt und seine Verzerrung, Berlin 2023

Eckardt, Dietrich, Das Recht uns seine Verfälschung, Berlin 2023a

Europäische Zentralbank (EZB), Das Eurosystem, Frankfurt 2009

Gericke, Helmuth, Geschichte des Zahlbegriffs, Mannheim 1970

Gossen, Hermann Heinrich, Entwicklung der Gesetze des menschlichen Verkehrs und den daraus fließenden Regeln für menschliches Handeln, Braunschweig 1854

Hagen, Jürgen von und **Stein,** Johann Heinrich von (Hrsg.): Obst/Hintner – Geld-, Bank- und Börsenwesen, 40. Aufl. Stuttgart 2000

Hayek, Friedrich August von, Entnationalisierung des Geldes. Eine Analyse der Theorie und Praxis konkurrierender Umlaufmittel, Tübingen 1977

Hazlitt, Henry, Economics – Über Wirtschaft und Misswirtschaft, München 2009

Hobbes, Thomas, Leviathan, Nachdruck Stuttgart 2013

Husserl, Edmund, Erfahrung und Urteil (hrsg. Ludwig Landgrebe), Hamburg 1972

Issing, Otmar, Einführung in die Geldtheorie, 15. Aufl. München 2011

Jevons, William Stuart, Geld und Geldverkehr, Leipzig 1867

Kant, Immanuel, Werke in sechs Bänden (Hrsg. Wilhelm Weischedel), Darmstadt 1966

Keynes, John Maynard, A Treatise on Money, in Collected Writings, London 1971

Knapp, Georg Friedrich, Staatliche Theorie des Geldes, Leipzig 1905

Knolle-Grothusen, Ansgar u. a., Geldware, Geld und Währung – Grundlagen zur Lösung des Problems der Geldware, Hamburg 2009

Lengwiler, Yvan, Verräterische Interviews, in Weltwoche, Nr. 9/2011
Lietzmann, Walter, Was ist Geld? Leipzig 1918
Lohmar, Dieter, Phänomenologie und Mathematik, Dordrecht 1989
Luhmann, Niklas, Die Wirtschaft der Gesellschaft, Frankfurt/M. 2019
Mankiw, Gregory und **Taylor,** Mark, Grundzüge der Volkswirtschaftslehre, Stuttgart 2021
Menger, Carl, Grundsätze der Volkswirtschaftslehre, Wien 1871, Nachdruck 2006
Mill, John Stuart, On Liberty, 1859, Nachdruck Stuttgart 2009
Mises, Ludwig von, Nationalökonomie – Theorie des Handelns und Wirtschaftens, Nachdruck München 1980
Mises, Ludwig von, Theorie des Geldes und der Umlaufmittel, Nachdruck Berlin 2005
Mises, Ludwig von, Ein Lexikon (Hrsg. Michael Ladwig), München 2016
Picot, Arnold, Die grenzenlose Unternehmung, Wiesbaden 2003
Polleit, Thorsten und **Prollius,** Michael von, Geldreform – Vom schlechten Staatsgeld zum guten Marktgeld, München 2014
Rothbard, Murray Newton, Das Scheingeldsystem – wie der Staat unser Geld zerstört, Gräfelfing 2005
Schäuble, Wolfgang, in Wochenschrift Der Stern, Hamburg 2008
Schmitt, Bernard, Die Theorie des Kreditgeldes, aus dem Französischen von Wulf Rohland, Stuttgart 1978
Schumpeter, Joseph, Das Wesen des Geldes, Göttingen 2008
Simmel, Georg, Philosophie des Geldes, Berlin 1987
Sinn, Hans-Werner, Die wundersame Geldvermehrung – Staatsverschuldung, Negativzinsen, Inflation, Freiburg 2021
Sofsky, Wolfgang, Macht und Stellvertretung, Leipzig 2019
Wagemann, Ernst, Was ist Geld? Oldenburg 1932
Wieser, Friedrich von, Über den Ursprung und die Hauptgesetze des wirthschaftlichen Werthes, Wien 1884, Nachdruck 2016

Zusammenfassung, Kritik und Perspektiven

Am Markt gibt es Vorkommnisse, bei denen die Bilateralität des Sachgütertausches aufgebrochen zu sein scheint. Die weitaus meisten Handelsgeschäfte sind von dieser Art. Ein Güterproduzent liefert, sein Gegenüber liefert nicht oder nur unvollständig oder erst später. Es verbleibt eine Lieferschuld. Eigentlich müsste bei einer nur einseitig erfolgten Sachgutlieferung, die nicht als Geschenk beabsichtigt war, der Handel jetzt rückgängig gemacht werden. In einigen Fällen geschieht das auch. Aber wenn eine Rückabwicklung *immer* erfolgte, bedeutete das eine enorme Verkehrsbeschränkung am Markt. So bemüht man sich, auch bei einseitigen Sachgutlieferungen einen bilateralen Tausch zustande zu bringen. Das geschieht mit Hilfe des Kredits. Die meisten Käufe auf Rechnung sind kreditierte Käufe. Das Wort „Kredit" wird hier in seinem ursprünglichen, *prämonetären* Sinne verwendet. Dann bedeutet es: Akzeptanz des Gegenlieferaufschubs (z. B. eines Sachguts). Diese Akzeptanz gründet sich auf ein Lieferversprechen. Aus solchen Versprechen generiert sich Geld (im Folgenden: Abschn. 3.1).

Ein riesiges Monetisierungspotenzial in Form sogenannter „Schrottpapiere" befindet sich derzeit im Bankensystem, vor allem bei den Zentralbanken. Dieses Potenzial steckt vor allem in den Finanztiteln der „ewigen Schuldner". Es kann je nach Sachlage entweder eine moderate oder eine heftige Inflation auslösen (im Folgenden: Abschn. 3.2).

Viele, die etwas betont Kritisches sagen wollen über das derzeit existierende Geldwesen, sind hartnäckig davon überzeugt, dass es ein Geldschöpfungsmonopol gibt, und zwar als Staatsmonopol. Auch einige Betreiber der staatlichen Zentralbanken, nämlich die Anhänger des Georg Friedrich Knapp, scheinen dies zu glauben. Wie verhält es sich damit wirklich? (im Folgenden: Abschn. 3.3).

Anschließend müssen wir uns noch einem Thema zuwenden, das nicht zur Geldtheorie im engeren Sinne gehört. Seinen Existenzgrund hat es dort, wo die beiden Rechtsaspekte eines Wirtschaftsguts, nämlich „Besitz" und „Eigentum",

© Springer Fachmedien Wiesbaden 2023
D. Eckardt, *Was ist Geld?*, https://doi.org/10.1007/978-3-658-41976-9_3

auseinanderfallen und wo sie auf verschiedene Wirtschaftssubjekte verteilt sind. Das ist der Fall bei jeder Form von Verleih. Hier fällt in der Regel eine Leih- bzw. Nutzungsgebühr an, *Zins* benannt. Auch im Finanzwesen kommt der Zins ins Spiel, und zwar dort, wo mit Geld nicht getauscht, sondern wo Geld nur verliehen wird, etwa in Folge eines Darlehens (im Folgenden: Abschn. 3.4).

Ein unrühmliches Beispiel für die Ahnungslosigkeit von Experten in Bezug auf ökonomische Sachverhalte ist der Glaube an den Segen sogenannter „*Geldpolitik*". Heute ist offensichtlich, dass diese „Politik" in eine Sackgasse geraten ist. Eine grundsätzliche Frage dazu lautet: Musste sie das? Ist es überhaupt möglich, mit Geldpolitik die erwünschten Ziele Geldwertstabilität und eine ausgeglichene Konjunktur zu erreichen? (im Folgenden: Abschn. 3.5).

Strebt man in einer Geldwirtschaft Preisstabilität bei den Sachgütern an, dann muss die Hauptfrage lauten: Wie kann neu geschöpftes Geld wieder vernichtet werden? Die Antwort ist: durch die Realisierung der wertmäßig korrekt eingeschätzten Leistungspotenziale der Geldschuldner. Misslingt die Realisierung, dann fällt die Antwort nicht so gut aus: durch schmerzhaftes Ausbuchen mit Inflationspotenzial. Deshalb muss hier gegengesteuert werden, keinesfalls aber durch so etwas wie „Geldpolitik" (im Folgenden: Abschn. 3.6)

Im Hinblick auf die Verwerfungen, die im heutigen Finanzwesen auftreten, ist zu fragen: gibt es eine Möglichkeit, die allenthalben auftretenden geldimmanenten Probleme zu beseitigen? Ein solche Möglichkeit gibt es. Die sich neuerdings entwickelnde Technologie lässt hoffen, dass eines Tages ein Wirtschaften ganz ohne Geld und damit ohne die dabei entstehenden Fehlstellungen möglich ist (im Folgenden: Abschn. 3.7).

3.1   Zusammenfassung

Der aus einem unvollendeten Sachgütertausch lieferschuldig gebliebene Tauschpartner gibt vor seiner Kreditierung ein *Versprechen* ab. Er verspricht, seine Schuld irgendwann zu tilgen. Sein Versprechen ist ein Tilgungsversprechen. Ein Tausch kann offenbar nicht nur dadurch abgeschlossen werden, dass die Lieferung eines Sachguts mittels einer Gegenlieferung direkt und in einem Zuge vergolten wird, sondern auch dadurch, dass die Vergeltung der Gegenlieferung nur versprochen und in die Zukunft verlegt wird. Der Tausch wird also unter Beigabe eines dinglich nicht vorhandenen Anteils provisorisch beendet. Hier führt ein bloßes Zeichengebilde (das zunächst mündlich abgegebene Versprechen) zum vorläufigen Abschluss des Geschäfts.

Ein Sachgutlieferant verlangt oft, und zwar aus gutem Grund, dass ihm sein Tauschpartner sein Lieferversprechen dokumentiert. Das Versprechen soll *real vergegenständlicht* als Ding in der Welt der Dinge erscheinen. Es soll wie ein Ding weitergereicht bzw. übertragen werden können. Nun ist bereits jeder Wortgebrauch eine, und zwar nur *symbolische* Vergegenständlichung der Geistesentität „Versprechen". Aber Bestand erhält sie erst als Schriftstück. Die primitivste Form eines Schriftstücks, das ein Tilgungsversprechen dokumentiert, ist der *Gutschein*. Der Gutschein ist ein Quasi-Zahlungsmittel.

Der Emittent eines Gutscheins muss ihn einlösen können, m. a. W. er muss tilgungsfähig sein. Das Tilgungspotenzial (die Bonität) ist das Vermögen eines Menschen, über den Eigenverbrauch hinaus so viele bedarfsgerechte Ressourcen zu besitzen oder zu erwirtschaften, damit eine Tilgung geleistet werden kann. Es verschafft dem Gutschein Substanz. Wir sagen auch: Es *deckt* den Gutschein. So lässt sich sagen: *Ein Gutschein ist ein Zahlungsmittel in Form eines symbolisch materialisierten Tilgungsversprechens, das gedeckt ist durch das Tilgungspotenzial seines Emittenten.*

Ein Gutschein kann numerisch bewertet sein – und er ist es in der Regel auch. Als bewerteter Schein ist er eine *Wertschrift*. Die oben getroffene Aussage über den Gutschein lässt sich also erweitern: *Eine Wertschrift ist ein Zahlungsmittel in Form eines symbolisch materialisierten, numerisch bewerteten Tilgungsversprechens, das gedeckt ist durch das Tilgungspotenzial ihres Emittenten.*

Geld ist nichts anderes als eine bestimmte Art von Wertschriften. Es begegnet uns zunächst in seiner allgemeinsten Form – als Universalgeld. Das Universalgeld umfasst neben dem Geld, was wir gewöhnlich im Alltag verwenden, auch das sogenannte Near Money. Near Money besteht aus Wertschriften von Schuldnern, die sehr bonide sind. So lässt sich sagen: *Universalgeld ist die Gesamtheit der Zahlungsmittel in Form numerisch bewerteter, symbolisch materialisierter Tilgungsversprechen, die gedeckt sind durch das Tilgungspotenzial hochbonider Emittenten.*

Die Finanzwelt erschafft aber nicht nur das Tauschgut Geld als solches – in Form von Universalgeld, sondern auch jene besondere Art von Geld, die wir Währungsgeld nennen. Erst das Währungsgeld ist Geld, mit dem man (innerhalb eines bestimmten Handelskreises) überall und immer bezahlen kann. So hat man – neben vielen anderen! – mit dem Währungsgeld ein besonders brauchbares Zahlungsmittel. Währungsgeld ist jener Teil des Universalgeldes, der von Banken emittiert wird. Setzt man in diesen Satz den Inhalt der Universalgelddefinition ein, dann ergibt sich: *Währungsgeld ist die Gesamtheit der Zahlungsmittel in Form numerisch bewerteter, symbolisch materialisierter Tilgungsversprechen, die gedeckt sind durch das Tilgungspotenzial der Banken.*

Abb. 3.1 Klassensystem der Finanzmittel

Die bisherigen Aussagen über die verschiedenen Finanzmittel, die uns schritt-weise zum Währungsgeld geführt haben, sind wie bei einer russischen Matroschka-Puppe ineinander verschachtelt. Die Verschachtelung kann unter Zuhilfenahme eines Klassenschemas veranschaulicht werden (s. Abb. 3.1).

3.2   Die „ewigen Schuldner"

Schulden *an sich* sind nichts, was man verteufeln müsste. Wie wir in den Abschn. 2.3, 2.4 und 2.5 ff. feststellen konnten, sind sie für eine gut funktionierende Wirt-schaft unabdingbar. Auf dem Fundament von Schulden wächst das Individual- und Sozialprodukt.

Schlimm sind Schulden, wenn die Tilgungspotenziale fehlen und man deshalb nicht in der Lage ist, Schulden zu begleichen. Hier sprechen wir von *Über-schuldung*. Eine Überschuldung ist nicht dadurch gegeben, dass „viel Schulden" gemacht wurden, sondern durch die Tilgungsunfähigkeit der Schuldner. Das führt in der Regel zu einem Konkurs. Oder der Schuldner findet jemanden, der seine Schulden *„prolongiert"*. Wenn ihm das immer wieder gelingt, wird er zum *„ewigen Schuldner"*.

Für die „ewigen Schuldner" sammeln Banken, Versicherungen und Anlagefonds in ihrem Kundenkreis emsig Geld ein für den Kauf immer neuer Schuldtitel und tun eventuell eigenes (selbstgeschaffenes) dazu. Die auf diese Weise mögliche Prolongation und zusätzliche Aufstockung hoher Schuldenberge kann weiter und weiter gehen – über Generationen hinweg. Denn jede Generation kann die Schulden an die nächste reichen, im Prinzip endlos.

Schon die Tatsache, dass immer wieder „prolongiert" werden muss, beweist, dass ein „ewiger Schuldner" nicht tilgen kann. Er erwirtschaftet das Geld nicht, das er für die Ablösung seiner Verbindlichkeiten braucht. Er müsste es über die Entfaltung zusätzlicher Leistungspotenziale verdient oder über die Verteuerung seiner Leistungen beschafft haben. Wäre dies passiert, *könnte* er tilgen. Es passiert offensichtlich nicht.

Durch „Prolongation" kann ein Schuldner, z. B. ein Wertschriftenemittent seine Schuldenrückzahlung *ohne bilanzielles Fehlverhalten* aufschieben. Selbst wenn beim ewigen Schuldenmachen buchhalterisch alles korrekt abläuft und es zunächst niemandem wehtut, kann ein derartiges Finanzmanagement gravierende Folgen für die Menschen haben – in ihrer Rolle als Marktteilnehmer. Die Folgen können nicht erst irgendwann, etwa bei künftigen Generationen auftreten, sondern schon jetzt und hier. Durch die „ewigen Schuldner" gelangen Finanzmittel in die Welt, denen gegenüber die Güter fehlen.

Es existieren offenbar Emittenten von Schuldtiteln, die als unendlich bonide gelten, zumindest so erscheinen. Von denen glaubt man, dass sie ihre Titel wohl eines Tages auslösen werden. Solche Emittenten können zwar – wie wir in Abschn. 2.6.3 gesehen hatten – von sich aus und allein keinen Schaden anrichten. Dafür brauchen sie Helfer. Die Helferrolle übernimmt das Finanzsystem, und zwar (neben Versicherungen und Großinvestoren) vor allem die Banken. Dabei hat die Zentralbank eine herausragende Funktion. Denn die ungedeckten Wertschriften, die einige Schuldner momentan in ungeheurem Maße emittieren, wandern am Ende zu den Zentralbanken. Die Zentralbanken haben im Unterschied zu den Geschäftsbanken keine Geldschöpfungsgrenzen. Sie können jeden Schuldtitel, ob gedeckt oder ungedeckt, aufkaufen und somit wieder in Geld verwandeln. Zentralbankankäufe erfolgen selbst dann zum Nominalkurs, wenn Geschäftsbanken und Assekuranzen eindeutig mangelhaft oder ungedeckte Schuldtitel anbieten.

Dieses Finanzgebaren hat bei den Zentralbanken zu Schuldtitelhorten schwindelnden Ausmaßes geführt. Im Europa beläuft sich ihr Wert inzwischen auf 8700 Billionen €, eine unvorstellbar hohe Summe. Drei Viertel dieser Summe stammen aus sogenannten *government bonds*. Sie weisen erhebliche

Deckungslücken auf. Bei ihnen handelt es sich oft um nichts anderes als um die oben erwähnten „Schrottpapiere". – Die government bonds, die in der Regel eine lange Laufzeit haben, müssen nicht ewig im Finanzkreislauf verbleiben. Jederzeit können sie wieder zu Geld werden und so in die Hände von Käufern gelangen.

Manchmal gelingt es einer Geschäftsbank nicht, ihre „government bonds" zu remonetisieren. Hier hilft die Zentralbank. Sie kann unverkäufliche Titel bei Bedarf abkaufen. Das daraus entstehende Geld kann an die Geschäftsbankenkundschaft weitergereicht werden. Dies geschieht, wenn die Kunden es wollen und Geld für ihre Güterkäufe benötigen.

Auch wenn auf dem Markt vielleicht wieder die gleiche Menge an Geld ankommt wie jene, die bei der Wertschriftenemission abgeflossen ist. Jetzt sind aber die Güter nicht da, die dieses Geld kaufen will. Aufgrund der Unterdeckung, d. h. aufgrund fehlenden Leistungspotenzials, konnten sie nicht erzeugt werden. Die Wertschriften wurden anfangs zu teuer eingekauft. Die inflationäre Preisentwicklung bei den Sachgütern ist der Beweis dafür, wie überbewertet die ökonomischen Leistungspotenziale der Emittenten bei der Monetisierung ihrer Emission waren.

Ein Zuviel an Geld im Vergleich zum realisierbaren Tilgungspotenzial, das ja auf einem ökonomischen Leistungspotenzial beruht, ist der Indikator für eine fehlerhaft funktionierende Finanzwirtschaft. Dort haben einige Kreditoren versäumt, sorgfältig auf das Tilgungspotenzial, d. h. letztlich auf das Geldvernichtungspotenzial der Schuldner zu achten.

Aus den Analyseergebnissen der Abschn. 2.6.2 f. wissen wir: Jeder unzureichend gedeckte Schuldtitelhort – auch wenn er noch so still vor sich hindämmert – ist ein „Pulverfass" mit Explosivpotenzial (Sinn, 2021). Zur Explosion kommt es aber erst, wenn neben dem soeben beschriebenen Wirkzusammenhang eine weitere Ursache hinzukommt: viele Bürger müssen plötzlich viel Geld zu Kaufzwecken abrufen und dafür ihre Bonds remonetisieren wollen.

Die Wirtschaftsgemeinschaft sollte bestimmten Schuldnern höchste Aufmerksamkeit zollen. Das muss sie wegen der großen Gefahr, die von ihnen ausgeht, nämlich der Gefahr der Güterknappheit. Güterknappheit entsteht durch eine Unterdeckung der Geldmenge. Die Unterdeckung entsteht, wenn die Daten bei der Bonitätsprüfung schlampig, dilettantisch oder kriminell ermittelt wurden. Inflation wird also ganz entschieden durch das Fehlverhalten von Menschen verursacht.

Inflation beruht nicht auf der Ausweitung der Geldmenge an sich, sondern auf der Ausweitung der Menge *ungedeckten* Geldes. Und gerade die „ewigen Schuldner" sind es, die zusammen mit den Bankensystemen eine solche Ausweitung betreiben. Dabei hat die Zentralbank eine wichtige Funktion. Denn die ungedeckten Schuldtitel, die die „ewigen Schuldner" momentan in ungeheurem Maße emittieren, wandern am Ende zu ihr. In der Folge wachsen ihre Bilanzen ins Unermessliche (s. o.).

Als Lösung des Bilanzproblems der Zentralbanken bietet sich zwar die Gründung einer Bad-Bank an. In die könnten dann die „Schrottpapiere" abgeschoben werden. Damit ist das Problem aber nicht vom Tisch. Denn viele der ungedeckten Gelder, die auf der Basis der „Schrottpapiere" geschöpft werden könnten, wären dann ja immer noch im „Pulverfass". Sie sind dort zwar unter Verschluss. Aber sie sind schon in der Welt. Sie können aus dem Fass jederzeit explosionsartig nach draußen gelangen, und zwar in den Realgüterkauf. Dort entfalten sie ungehemmt ihre Wirkung: Die Preise steigen – unter Umständen ganz rapide.

Würde eine Zentralbank dazu gezwungen, Wertberichtigungen an den Schuldtiteln vorzunehmen, bei ihr massenhaft eingelagert sind, käme das Ausmaß der bisher verheimlichten Überschuldung des Systems sofort ans Licht. Es sind Passivüberhänge entstanden, von denen die Öffentlichkeit nichts erfährt. Denn sie sind in den Bilanzen nicht für jeden ablesbar. Die verdeckten Passivüberhänge sind bei den wesentlichen Zentralbanken der Welt inzwischen immenz (s. o.).

Weil keiner die Zentralbanken dazu zwingt, ihre Bilanzen zu bereinigen, können ihre Verbindlichkeiten im Prinzip auf ewig darin stehen bleiben – bis hin zum Konkurs. Bei einem Zentralbankkonkurs würde auf einen Schlag zutage treten, dass in der Vergangenheit, also zu jener Zeit, in denen die Bilanzen des Bankensystems aufgebläht wurden, eine riesige verdeckte Vermögensumschichtung stattgefunden hatte – zugunsten der unproduktiven Klassen der Gesellschaft. Ein Zentralbankenkonkurs vernichtet kein Volksvermögen, wie Viele befürchten. Er offenbart nur eine Wahrheit: in welch unermesslichen Ausmaß die Privilegierten der Gesellschaft die anderen in den Jahren zuvor ausgebeutet haben.

In einer schlüssig-human organisierten Wirtschaftsgemeinschaft gibt es keine „ewigen Schuldner". Es wird streng darauf geachtet, dass jeder seine Schulden in vertretbarer Zeit tilgt. Damit werden die ganz großen Finanzcrash's vermieden, die sich heute jederzeit ereignen können. Dadurch wird auch die Entstehung ungedeckten Geldes (falls es dort Geld überhaupt noch geben sollte; s. Abschn. 3.7) und die damit verbundene Inflationsgefahr gebannt.

Eine Inflation kann verschiedene Ursachen haben. Eine davon ist sicher das Fehlen der Gütermenge, die ein kreditierter Marktteilnehmer eigentlich hätte erzeugen sollen, was der aber nicht tut bzw. nicht tun kann. So bleibt bei vielen „ewigen Schuldnern" die Erzeugung der Gütermenge aus, welche der Geldmenge entsprechen sollte, die über die Emissionen ihrer Schuldtitel zu ihnen und über sie auf den Markt gelangt sind. Der durch Überschuldung entstehende Überhang ungedeckten Geldes erzeugt zwangsläufig Inflation.

„Ewige Schulden" sind zunächst inflationsneutral. Warum bleiben sie das nicht bis in alle Ewigkeit? – Weil die Wirtschaftssubjekte nicht ewig mit ihren Käufen warten wollen. Wer Hunger hat, zu kaufen, der will seine Vermögen monetisieren. Und zu den Volksvermögen gehören die Wertschriften der „ewigen Schuldner". Würde man sie heute auf einen Schlag monetisieren, dann käme eine Geldmenge auf den Markt, welcher bei weitem keine gleichwertige Gütermenge entspräche. Es würde zutage treten, dass es eine Wertungleichheit zwischen vorhandenem Geld und vorhandener Gütermenge gibt. Die Ungleichheit kann jetzt nur noch durch eine Inflation beseitigt werden. Auch wenn der Käuferwille sich nur in moderater Form entfaltet, nach ihrer Remonetisierung (Geldwerdung) entfalten die ungedeckten Schuldtitel trotzdem ihre Wirkung: in Form einer zumindest moderaten Inflation.

3.3   Das angebliche Geldschöpfungsmonopol

Entgegen der in den Abschn. 2.4 und 2.5 ff. dargestellten Sachverhalte, die auf nachvollziehbaren Beobachtungen und Analysen beruhen, wird die These vertreten, dass die Geldschöpfung beim Staat läge. Der Staat hätte in dieser Hinsicht ein *Monopol*. Lässt sich diese Aussage belegen?

Die Antwort auf die Frage ist in den Abschn. 2.5.1 ff. indirekt schon gegeben: Eine Geldschöpfung findet immer bei denen statt, die Schuldentilgungsversprechen monetisieren. Beim Währungsgeld nehmen die Banken die Monetisierung vor. Die stehen offensichtlich miteinander im Wettbewerb. Der Wettbewerb zeigt sich bei der unterschiedlichen Geldnutzungsgebühr, die sie verlangen, als „Zins" (s. Abschn. 3.4). Jeder weiß das, sofern er anlässlich einer Investition (Hausbau oder Firmengründung) verschiedene Kreditangebote einholt. Wie gelangen einige Geldtheoretiker angesichts dieser Tatsache zu der Ansicht, die Geldschöpfung sei ein Monopol, und zwar ein Monopol des Staates? Wie lässt sich erklären, dass sich diese These so hartnäckig über Jahrzehnte hin durchhält?

Die These wird erstens an dem Umstand festgemacht, dass der Staat in alleiniger Regie die Geldmünzen prägen lässt. Er hat das sogenannte „Münzregal". Das ist zweifellos ein Monopol. Die These stützt sich außerdem auf die Tatsache, dass nur die staatliche Zentralbank Banknoten drucken lässt und diese zusammen mit den Münzen, die sie vom Staat erwirbt, auf den Markt bringt. Auch dies ist zweifellos ein Monopol.

Ein Staatsmonopol in Sachen Geld gibt es also in der Tat. Allerdings bezieht es sich erstens nur auf die *marginale Menge des Bargelds*, und zweitens nur auf *dessen technischen Erzeu-gungsprozess* (s. Abschn. 2.5.2.6). Dabei haben es der Staat bzw. seine Bank nicht in der Hand, wieviel sie davon wann herstellen und unter die Leute bringen. Die Geld*nutzer* sind diesbezüglich die Initianten. Inwiefern?

Die Zentralbank stellt Bargeld immer nur dann zur Verfügung, wenn es die Geschäftsbanken im Auftrag ihrer Kunden haben wollen. Es muss bei der Geldnutzergemeinschaft der Wunsch nach Umtausch ihres Wirtschaftsgeldes (Giralgeldes) in Münzen und Banknoten bestehen. Und erst wenn dieser Wunsch erfüllt werden soll, wird die bei den Staatsgeld-Kritikern so verhasste obrigkeitliche „Gelddruckmaschine" angeworfen.

Die Geldnutzer müssen lieber mit Münzen und Banknoten als mit dem von den Geschäftsbanken und sonstigen Finanzinstituten geschaffenen Giralgeld oder „Plastikgeld" bezahlen wollen. Erst dann möchten sie Münzen und Noten haben. Diese erwerben sie auf dem Weg eines Tauschgeschäfts gegen ihr anderes Geld (Giralgeld). Das andere Geld, das sie für einen solchen Umtausch benötigen, entsteht aber nicht bei einem Monopol, sondern im wirtschaftlichen Wettbewerb der Banken am Markt. Dennoch hält sich unverdrossen die These vom angeblich gefährlichen Geldmonopol.

Der Staat erzeugt nur so viele Münzen als ihm die Zentralbank abkauft. Und die nimmt nur so viele ab und druckt nur so viele Banknoten dazu, wie sie an die Geschäftsbanken auf deren Veranlassung weiterreichen kann, also je nach Bedarf. Der Bedarf richtet sich nach dem Wunsch der Bankkunden, also der „Nichtbanken". Nur die „Nichtbanken" bestimmen letztlich über die Ausgabe von Bargeld (Staatsgeld) und auch über dessen Menge. Und sie erwerben es im Tausch gegen bereits vorhandenes und im Wettbewerb erzeugtes Geld.

Von einem Monopol des Staates oder seiner Zentralbank im Zusammenhang mit der Geldschöpfung kann schon deshalb nicht die Rede sein, weil die Geldströme heute hochgradig internationalisiert sind und verschiedene Währungen miteinander konkurrieren. Dem münzprägenden Staat und der notendruckenden Zentralbank kommen lediglich die Rollen zu, eine *alternative Geldform* bereit zu halten, auf die der Markt, wenn er will, ersatzweise und im Tausch gegen bereits vorhandenes Geld zugreifen kann. Hier liegt unweigerlich die Grenze des staatlichen Handelns beim Geldschöpfungsgeschäft. Wenn kein Bargeld abgefragt wird, entsteht auch keins. Das heißt, dass die Geldnutzer es selbst in der Hand haben, wie viel Staatsgeld und ob überhaupt Staatsgeld auf den Markt gelangt. Wenn sie es nicht abrufen, bleibt es unberührt im Safe der Zentralbank.

Die angeblich verheerende Rolle der „staatlichen Gelddruckmaschine" berührt die Finanzmärkte also zunächst einmal gar nicht. Die Aktivität dieser Maschine hat ihre Grenze dort, wo kein Bedarf nach ihrem Produkt besteht. Mit den beiden Monopolen Münzregal und Notendruck ist die These von einem Geldschöpfungsmonopol nicht begründbar. Das Geld entsteht außerhalb des Einflussbereichs des

Staates: bei Finanzinstituten unterschiedlichster Art, und zwar vor allem bei Banken. Zu den Banken gehört die staatliche Zentralbank. Die ist bei ihren Refinanzierungsgeschäften zwar ebenfalls Geldschöpferin, aber in dieser speziellen Funktion keine Monopolistin.

Die These vom Geldschöpfungsmonopol des Staates bzw. der staatlichen Zentralbank ist noch nicht einmal dann richtig, wenn man (wie Creutz 1997 und andere) ausschließlich nur die Münzen und die Banknoten als das wahre Geld ansieht – eine mittlerweile etwas weltfremde Sicht der Dinge. Münzen und Banknoten sind nichts anderes als eine andere Vergegenständlichungsform von bereits (meist elektronisch) vorher im Wettbewerb erzeugtem Geld. Dieses Geld kann gegen Münzen und Notengeld getauscht werden – falls jemand aus der Geldnutzergemeinschaft das will.

Die Bargeldherstellung erhöht die Geldmenge nicht. Bargeld gelangt nur via Tausch auf den Markt und nicht via Schöpfung. Im Gegenzug verschwindet Giralgeld (Wirtschaftsgeld). Um an Bargeld heranzukommen, muss Giralgeld hergegeben werden. Es muss also schon Geld da sein, bevor Bargeld ins Spiel kommt. So gesehen ist eigentlich nicht das Bargeld der Zentralbanken das „Basisgeld", wie oft behauptet, sondern das im gesamten Bankensystem über Kredite geschöpfte Giral-bzw. Wirtschaftsgeld (s. wieder Abschn. 2.5.2.6).

Was bedeutet also das Faktum Münz- und Notenausgabemonopol für die Stützung der These vom angeblich gefährlichen staatlichen Geldmonopol? – Nichts. Man kann die These unbeschadet vergessen. Das Bargeld ist nur insoweit von Bedeutung, als es uns ein nützliches und handliches Ersatzgeld für bereits geschaffenes Geld liefert. Der Staat erzeugt es nicht einfach und verteilt es unter uns (etwa mit einem „Geldhubschrauber" à la Milton Friedman). Wir rufen es ab, wenn wir es brauchen und geben Wirtschaftsgeld dafür her.

Dieser Sachverhalt lässt es nicht zu, in Bezug auf das Geld von einem „Zwangsgeldsystem" zu sprechen. Ob die Staatsbürger mit Giralgeld (Wirtschaftsgeld) oder mit Bargeld (Staatsgeld) zahlen wollen, oder auch mit einer anderen Währung, steht ihnen völlig frei. – Die Gefahr bei den Finanzgeschäften mit dem Staat geht von ganz anderem aus (s. Abschn. 2.6.2 f. und 3.2).

Unter Berücksichtigung der am Geldmarkt wahrnehmbaren Phänomene kann also nicht von einem „willkürlichen Anwerfen der Gelddruckmaschine durch den Staat" oder einem „Fluten des Marktes mit staatlichem Scheingeld" gesprochen werden, oder höchstens im Zuge eines primitiven, für Aufklärungszwecke höchst unangebrachten Bildgebrauchs.

Die These vom Geldmonopol des Staates beruht offensichtlich auf einer Verwechslung. Der Staat hat zwar nicht das Geldschöpfungsmonopol, aber er hat das *Gesetzgebungs*monopol. Dieses Monopol ist Fakt. Der Staat hat, *weil* er Inhaber des Gesetzgebungsmonopols ist, die Macht, im Alleingang auch für das Geldwesen Regeln zu schaffen und diese mit Gewalt durchzusetzen. Aufgrund des Gesetzgebungsmonopols können die Geldnutzer vom Staat dazu gezwungen werden, eine bestimmte Form der Kaufvertragserfüllung zu akzeptieren: Sie müssen z. B. Bargeld als Tauschobjekt annehmen, wenn man es ihnen anbietet („Annahmezwang"). Auch kann der Staat, und zwar in seiner Rolle als Gesetzgeber, die Geschäftsbanken dazu zwingen, einen bestimmten Reservesatz an Geld bei der Zentralbank zu hinterlegen. Er kann Großinvestoren, z. B. Versicherungen, dazu bringen, ihr Anlagevermögen in Staatsbonds zu investieren. Er kann auch Gesetze machen, die die Banken nötigen, insbesondere seine eigene Zentralbank, tilgungsunfähigen Darlehensnehmern Kredit zu gewähren.

Seinerzeit wurde durch den ehemaligen US-Präsidenten Jimmy Carter ein Gesetz auf den Weg gebracht (der Community Reinvestment Act), durch das die amerikanischen Geschäftsbanken unter Strafandrohung gezwungen wurden, im gesellschaftlichen Subprime-Segment, also in einem Umfeld, in dem kaum jemand in der Lage ist, größere Schuldenbeträge zu tilgen, Hypothekendarlehen zu vergeben – frei nach dem Motto „Jedem sein eigenes Häuschen". Dieses Gesetz verlangte also, mehr oder weniger große Darlehen unter Missachtung elementarster Bonitätskriterien zu vergeben. Das führte am Ende zum Zusammenbruch einiger Großbanken und zu einer enormen Verunsicherung des gesamten internationalen Finanzmarkts. Denn zwei Jahrzehnte später (2007/8) löste die Verbriefung dieser Darlehen – gut in Wertschriftenbündeln versteckt und von den angesehensten Ratingagenturen der Welt als gut befunden – eine globale Finanzkrise aus.

Einen solchen Vorgang initiiert ein Staat aber nicht kraft eines Geldschöpfungs-, sondern kraft seines Gesetzgebungsmonopols. Dies ist ein völlig anders geartetes Monopol als das Geldschöpfungsmonopol. Die Gesetzgebung des Staates hat Einfluss auf die Art des *Umgangs* mit Geld, nicht aber auf die Art der *Entstehung* des Geldes.

Schon vor einem Jahrhundert stellte der kenntnisreiche Banker Argentarius fest, „dass der Staat im Grunde gar nichts mit der Entstehung des Geldes zu schaffen hat, und dass er, wenn er sich dennoch schöpferisch betätigt, das Geld fast regelmäßig ruiniert" (1921, Nachdruck 2011). Das ist dann auch (auf Basis der Georg Knapp'schen Geldtheorie, 1905), die damals die meisten Finanzfachleute im Kopf hatten) wirklich geschehen. Nach dem 1. Weltkrieg gab es in Deutschland die vielbeschriene staatliche „Gelddruckmaschine" tatsächlich. Heute hat man sie nicht mehr. Sie ist durch eine Wertschriftendruckmaschine ersetzt.

Das Geldmonopol des Staates kann das „verheerendste aller Staatsmonopole" schon deshalb nicht sein, weil es – abgesehen vom Minimonopol der Bargeldbereitstellung – gar kein Monopol ist. Aber aufgrund ihres Gesetzgebungs-

monopols können Staaten komplette Wirtschaftseinbrüche verursachen (s. o.:
Jimmy Carter).

Heute entfallen für die Währungen allerorten die Gebietsbeschränkungen, die es
einstmals gegeben hatte. Die Geldmärkte sind internationalisiert. In nationalen
Grenzgebieten, z. B. an der Grenze zwischen Deutschland und der Schweiz, gehört
es zum Alltag, mit zwei Währungsgeldern zu leben. Dort ist es gleich, ob man in
Kreuzlingen (Schweiz) mit Euro oder in Konstanz (Deutschland) mit Franken
zahlt. Die Geschäftswelt gibt nicht viel auf die angeblich staatliche Abkunft von
Zahlungsmitteln. Hauptsache, der Kunde kauft.

Die z. B. von Friedrich August von Hayek heiß ersehnte sogenannte *„Entnationalisierung"* des Geldes (damit Gelder unabhängig vom Staatsmonopolismus
existieren und dezentral im Wettbewerb entstehen können) hatte 1976, dem Er-
scheinungsjahr der englischen Ausgabe seines Geldbuchs, längst stattgefunden.

Kein Mensch konnte bisher nachweisen, dass das allgemein umlaufende Wirtschaftsgeld beim Staat entsteht. Der Staat kann Gelder nicht schaffen und auch
nicht vernichten. Er kann sie nur umschichten – zulasten Einiger und zugunsten
Anderer, eine Wahrheit, die in aller Klarheit schon von Argentarius (s. o.) erkannt
worden ist. In einer vernunftgerecht organisierten Gesellschaft wird jeder selbst
beanspruchen wollen, irgendwelche Gut-Schuld-Bescheinigungen als Zahlungsmittel zu akzeptieren und damit Handel zu treiben. Er sollte nicht daran gehindert
werden, neben dem Währungsgeld auch andere Zahlungsmittel anzunehmen.
Schließlich ist er für deren Substanz allein verantwortlich. Er selbst muss den eventuellen Ausfall der sie deckenden Tilgungsvermögen verkraften.

An dieser Stelle muss Joseph Huber und James Robertson (2014) widersprochen
werden. Die beiden Autoren sehen wohl, dass der Staat das Geldschöpfungsmonopol nicht hat. Sie wünschen aber, dass er es habe. Sie glauben feste daran,
dass nur dadurch der Handel zivilisiert und maximiert werden kann. Sie fordern
sogar zur Durchsetzung ihrer Vorstellungen Verfas-sungsänderungen.

Es wird nach all dem, was in der vorliegenden Schrift bisher dargestellt wurde,
deutlich: in der heute etablierten Finanzwirtschaft ist ein Geldschöpfungsmonopol
weder vorhanden noch notwendig, noch erwünscht. Wer eine gegenteilige Behauptung aufstellt, muss eine Geldtheorie liefern, mit der seine Behauptung begründbar ist. Der Staat schöpft nur das Bargeld, und das auch nur als Ersatz für ein
anderweitig bereits entstandenes, und insofern bereits vorhandenes Geld.

Bei der Einführung eines neuen *Bewertungsmaßes* (z. B. des Euro) hat der Staat
seine Hand zwar im Spiel – als Gesetzgeber, der eine vorher geschaffene Konvention fixiert, aber nicht bei der Schöpfung des aufgrund dieser Konvention bewerteten Geldes. Die geschieht an der „Basis" des Marktes: anlässlich der Verschuldungen, die die Marktteilnehmer bei ihren Banken tätigen. „Man hat zur

politischen und moralischen Rechtfertigung der währungspolitischen Eingriffe die Lehre aufgestellt, dass die Obrigkeit das Geld schaffe und dass das Geld ‚ein Geschöpf der Rechtsordnung' sei. Das Geld wird jedoch vom Marktverkehr geschaffen und nicht von der Obrigkeit" (Mises, 1980).

Jede Geschäftsbank „macht" uns Geld, wenn wir es wollen – und wenn sie es will. Sie „macht" es in Form von E-Geld auf unserem Girokonto oder auf unserer Kreditkarte. Diesem „Machen" ist durch das Eigenkapital und die Risikobereitschaft der Bank eine Grenze gesetzt. Ihr Geschäftsrisiko hängt wesentlich ab von der Professionalität ihres Bonitätsprüf-Managements. Das „Geldmachen" im Bankensystem ist die übliche Form heutiger Geldschöpfung.

Die allgemeine Akzeptanz des Geldes als Tausch- und Zahlungsmittel gründet nicht auf dem Geldschöpfungspotenzial von Staaten, sondern auf dem Vermögen der Banken, die Bonität der Emittenten von Schuldentilgungsversprechen (zu denen übrigens auch die Staaten gehören) korrekt zu ermitteln. Diese Erkenntnis folgt aus der Beobachtung der real sich vollziehenden Geldschöpfungsakte, sie mögen banktechnisch noch so verwickelt erscheinen.

Nur die Banken (auch die staatliche Zentralbank) haben Bonitätsprüfstellen, der Staat als solcher hingegen nicht. Insofern kann der Staat auch keine Gewähr für die Substanz des Geldes geben, wie Georg Friedrich Knapp noch glaubte (1905; s. auch Argentarius 1921, der den Staat als „Beglaubigungsinstitut" des Geldes sieht). Dass der Staat die Substanz des Geldes zu gewähren habe, ist ein in der Wissenschaft unausrottbarer Mythos. Der Staat *scheint* dies zu tun, wenn er z. B. Kreditwesengesetze erlässt oder Bargeld herausgibt. Aber all das berührt die wesensstrukturellen Vorgänge bei der Geldschöpfung nicht.

Vor dem Hintergrund der Erörterungen in den vorigen Abschnitten ist Geld nicht das Geschöpf einer staatlichen Rechtsordnung, etwa weil die Obrigkeit es zum gesetzlichen Zahlungsmittel erklärt. Das erscheint zwar so, und trifft eigentlich nur auf die Erzeugung einer Unterklasse von Währungsgeld zu, nämlich auf das Bargeld. Aber für den Markt ist das unerheblich. In einer entwickelten Finanzwirtschaft ist es nicht der Staat, der die Substanz des Geldes gewährleistet. Er ist gar nicht dazu fähig. Denn ihm fehlen Bonitätsprüfstellen. Nur das Bankensystem verfügt über solche. Und nur mit Bonitätsprüfungen kann man die „Güte" der Kreditschuldner und damit die Substanz des Geldes garantieren.

Die Banken müssen sicherstellen, dass sich hinter den Tilgungsversprechen, aus denen sich Geld generiert, ein leistungsstarker Kreditnehmerkreis befindet. Sonst geraten sie in Not – und in der Folge auch die Gesamtheit der Geldnutzer. Die Verbindlichkeiten, die die Kreditnehmer einer Bank gegenüber haben, befinden sich in ihren Bilanzen. Die Banken müssen also schauen, dass die Kreditnehmer das Leistungspotenzial aufweisen und auch realisieren, das dafür nötig ist, diese Verbindlichkeiten zu löschen. Sonst müssen sie dies selbst tun – zu ihren eigenen und letztlich (beim Bankenkonkurs) zu aller Lasten. Die das Geld schaffenden Banken (mit ihnen die Zentralbanken) stehen zwar in engem Kontakt miteinander, sind aber wirtschaftlich voneinander unabhängig und befinden sich im Wettbewerb. Sofern die in Staatshand befindliche Zentralbank bei der Geldschöpfung tätig ist, dann nur in der Rolle eines Refinanzierungsinstituts neben anderen Refinanzierungsinstituten oder als Wertschriftenankäuferin neben anderen Wertschriftenankäufern. Außerdem ist sie so etwas wie eine Wechselstube, die Buchgeld in Bargeld oder eine Währung in eine andere umtauscht.

Die Substanz und damit die hohe Akzeptanz des Währungsgeldes gründet nicht auf der Autorität des Staates – selbst wenn Viele das glauben. Sie beruht auf der „Güte" (Bonität) der Banken. Und die besteht darin, die Bonität ihrer Kreditnehmer richtig einzuschätzen. Ob solche „Güte" im derzeitigen Bankensystem umfänglich vorhanden ist, darf nach den Erfahrungen der letzten Jahre bezweifelt werden.

3.4   Zins als Nutzungsgebühr für Leihgeld

Ein Wirtschaftsgut kann man tauschen oder verleihen. Beim Verleih fallen normalerweise Nutzungsgebühren an. Die Nutzungsgebühr für geliehene Sachen nennt man *Zins* (Mietzins, Pachtzins, Kreditzins usw.). Der Zins wird oft fälschlich für etwas gehalten, das mit Geld und nur mit Geld zu tun hat.

So wurde z. B. die Definition des Zinses an dem Umstand festgemacht, dass der Mensch im Zuge seiner Sparbemühungen dazu neigt, dem Markt neben anderen Gütern auch Geld zu entziehen und an entlegenen Stellen zu horten. Damit würde – so heißt es – der Geldumlauf ungebührlich eingeschränkt. Das solle die Geldnutzergemeinschaft verhindern. Damit das zurückgelegte Geld wieder in Umlauf kommt und auf dem Markt seine Aufgabe erfüllt, bedürfe es eines Anreizes, eine Art Lösegeld. Dieses Lösegeld sei der Zins. John Maynard Keynes definiert deshalb den Zins als „Belohnung für die Nichthortung von Geld" (Keynes, 1971), gewissermaßen als Käse, der die Mäuschen aus den Löchern lockt. Man kann Zins durchaus so sehen, trifft damit aber nicht sein Wesen.

Eine andere Auffassung geht von dem Faktum aus, dass geliehenes Geld, das in die Hände von Wirtschaftssubjekten gelangt, diese liquide macht. Dafür verzichtet jemand anderes aus der Geldnutzergemeinschaft auf Liquidität. Dieser Vorteil bzw. Nachteil muss – so einige Geldtheoretiker – seinen gehörigen Ausgleich finden. Ausgleich dafür sei der Zins. Insofern sei der Zins so etwas wie ein

Liquiditätsbeschaffungsgeld oder (von der anderen Seite aus betrachtet) eine *Liquiditätsverzichtsprämie*. Auch diese Auffassung ist nicht falsch. Oft gewährt ein Tauschpartner einen Zahlungsaufschub. Das heißt, er akzeptiert, dass die Bezahlung, qua Gegenlieferung für seine Lieferung, erst später erfolgt. Einem Zahlungsaufschub korrespondiert also ein Liefervorschub: Der Belieferte darf jetzt schon ein Gut nutzen oder verbrauchen, was er noch nicht bezahlt hat. Das von ihm anlässlich des Tausches abgegebene Tilgungsversprechen bewirkt den Liefervorschub. Zahlungsaufschub und Liefervorschub generieren den Kredit. Nun hatten wir bei der Behandlung des Kredits in Abschn. 2.3 unberücksichtigt gelassen: die Werterhöhung bei einem Tauschgut, das mit Zeitvorschub geliefert wird. Diese Erhöhung kann mit einem Obulus abgegolten werden, den man dann Zins nennt.

Allen Gütern, von denen und mit denen wir leben, kommt so etwas wie „*Zeitpräferenz*" (Böhm-Bawerk 1998) bzw. *Gegenwartspräferenz* zu: Ich mit meinem zeitlich eng begrenzten Leben möchte nicht ewig warten, um mir irgendwann in Zukunft (vielleicht nie) „etwas leisten" bzw. „etwas aufbauen" zu können. Als auftragsgebundener Unternehmer etwa, der jetzt und nicht erst später liefern muss, kann ich das auch gar nicht. Denn das bedeutet unter Umständen Auftragsverlust und am Ende sogar das Aus für mein Unternehmen.

Der Gegenwartspräferenz der einen Gruppe von Wirtschaftssubjekten korrespondiert eine *Gegenwartsabstinenz* einer anderen. Berücksichtigt man diesen Sachverhalt, dann hat das Einfluss auf die Begriffsfassung des Zinses. Zins erscheint jetzt als Verdienst derjenigen, die ein Gut zu einem Zeitpunkt zur Verfügung stellen, an dem die Tauschgutempfänger noch nicht dafür bezahlen können oder wollen. Ottmar Issing bezeichnet den Zins deshalb als „Preis für die frühere Verfügbarkeit von Gütern" oder – anders gewendet – als „Preis für die spätere Bezahlung von Gütern" (2011). Der Zins ist – so gesehen – der Preis für die Gewährung eines Zahlungsaufschubs bzw. eines Liefervorschubs. Auch dieser Auffassung wird man beipflichten können.

Ich will oder muss ein Wirtschaftsgut heute und nicht erst morgen haben. Denn wer weiß, was morgen ist. Dafür bin ich bereit, z. B. in der Rolle des Unternehmers, des Bauherrn oder des Autokäufers, den zu belohnen, der mir eine Lieferung auch ohne sofortige Gegenlieferung (eines Sachguts) bietet. Das ist in den meisten Fällen eine Bank. Sie richtet für mich ein Darlehenskonto ein. Aus dem kann ich mich bedienen. Ich habe Mittel zur Verfügung, deren Rückführung ich erst später leisten muss. Die Herbeischaffung sofort verfügbarer Investitions- und Konsumtionsmittel ist zwar nicht zwangsläufig an Banken gebunden. In jedem Falle gilt aber: Der Wert eines gegenwärtig verfügbaren Guts wird höher eingeschätzt als der Wert des gleichen Gutes bei späterer Verfügbarkeit. „Solange es Menschen gibt, die einen heute verfügbaren Apfel zweien in fünfundzwanzig Jahren vorziehen, wird es Zins geben", sagt Ludwig von Mises (Nachdruck 2016).

Der Kreditor erhält einen Lohn für das Kreditieren einer Güterlieferung, so wie auch jeder andere Marktteilnehmer einen Lohn für etwas Geleistetes erhält. Dabei ist es ohne Belang, ob ein Sachgutlieferant selbst den Sachgutempfänger kreditiert, oder ob eine Bank oder ein sonstiger Darlehensgeber diesem die Kreditorenrolle abnimmt, sich also (als „Intermediär") zwischen Sachgutlieferant und Sachgutempfänger schiebt. – Die Preisdifferenz bei zeitlich auseinander liegenden Lieferungen steht dem jeweiligen Kreditor zu. Übernimmt eine Bank oder irgendein anderer Darlehensgeber die Rolle des Kreditors, dann steht denen die Preisdifferenz (der Zins) zu. Der jeweils Letztkreditierende wird mit dem Zins belohnt.

*****

Auffallend an den bisherigen Zinsdefinitionen ist, dass sie sich alle am Geld-, Kredit- bzw. Zeitphänomen orientieren. Aber das Wesen des Zinses erschließt sich nicht aus diesen Erscheinungen. Zins wird zwar oft in Form von Geld gezahlt, hat ansonsten aber nichts mit Geld zu tun. Aber womit sonst?

Um hier weiterzukommen, folgen wir zunächst der Auffassung der meisten Ökonomen, die im Zins den Preis sehen, der pro Zeiteinheit für Gelddarlehen gezahlt werden muss: „Mietpreis für geliehenes Geld", sagt Johann Philipp von Bethmann (1994), dem wir übrigens viele interessante Anregungen zur Erforschung des Geldphänomens verdanken. – Es ist offensichtlich: Diese Definition umfasst bestimmte Güter nicht, bei deren Verleih ebenfalls Zins anfällt, z. B. bei der Anmietung einer Wohnung (Mietzins) oder der Pacht eines Gartens, eines Feldes, einer Wiese (Pachtzins). Wenn die Definition lauten würde „Mietpreis für geliehenes Wirtschaftsgut", kämen wir der Sache schon etwas näher.

Zur Aufhellung des Sachverhalts beziehen wir einen wichtigen Aspekt aus der Rechtstheorie in unsere Betrachtungen mit ein: den Unterschied zwischen *Besitz* und *Eigentum* (s. Verf. 2023a). Besitz ist etwas, das ich *habe*. Eigentum ist etwas, das mir *gehört*. Das Haben ist ein *physisches* Phänomen – etwa das Besetzthaben eines Grundstücks. Das Gehören ist ein *meta-physisches* Phänomen. Es kann deshalb nur symbolisch materialisiert in der Welt der Dinge erscheinen, etwa als Schriftzug in einem Kataster. Besitz und Eigentum können vereint, aber auch voneinander getrennt sein, etwa bei der Nutzung eines Hauses: zum einen das reale Besetzthaben (Bewohnen) durch einen Mieter – zum anderen die Eigentumsurkunde beim Vermieter. – Auch nach einem Raub oder einem Diebstahl ist die Trennung von Eigentum und Besitz erfolgt.

Ein Vermieter, Verpächter oder Geldverleiher (Bank) ist und bleibt zwar der Eigentümer des Wirtschaftsguts, verliert aber den Besitz und büßt damit dessen

Nutzung ein. Er gibt das Gut in den Besitz eines Anderen. Er verzichtet auf den Besitz seines Eigentums und damit auf die Selbstnutzung. Die Fremdnutzung will er in den meisten Fällen vergolten haben – als Zins (Mietzins, Pachtzins, Darlehenszins). Der Zins wäre somit für den Besitzer (den Beliehenen) eine *Leih-* bzw. *Nutzungsgebühr,* für den Eigentümer eine *Verzichtsprämie.*

Die Trennung von Besitz und Eigentum finden wir insbesondere beim Geldverleih. Beispiel: Eine Bank schöpft Geld indem sie sich selbst kreditiert, was sie ja ohne Weiteres tun kann. Dabei gibt sie ein numerisch bewertetes Tilgungsversprechen gegenüber sich selbst ab. In ihrer Bilanz schlägt sich das als Verbindlichkeit und als Forderung nieder. Mit der Forderung hat die Bank ein Aktivum, mit dem sie tauschen kann (etwa beim Wertschriftenankauf). Das Bankaktivum kommt als Geldbetrag beim Verkäufer an. Die Bank kann es aber auch *verleihen* (als Darlehen). Auch hier kommt es als Geldbetrag beim Empfänger an. Beim Tausch wird die bankengenerierte Forderung ersetzt, z. B. durch eine Wertschrift. Beim Verleih bleibt sie erhalten. Beim Wertschriftenkauf wird Eigentum **und** Besitz übertragen. Folglich verschwindet die bankengenerierte Forderung. An ihre Stelle tritt das fremdgenerierte Kaufgut.

Beim Verleih (Darlehen) hingegen vergibt die Bank *nur den Besitz*. Das Eigentum verbleibt bei ihr – als Forderung, jetzt aber nicht gegenüber sich selbst, sondern gegenüber dem Darlehensnehmer. Eine Forderung ist immer Eigentum, auch wenn sie niemals erfüllt wird (s. der Verf.; 2023a). Die Forderung in der Bankbilanz wird beim Verleih lediglich umgewidmet, und zwar infolge eines Vertrags. Der Vertrag bewirkt, dass die Forderung der Bank sich selbst gegenüber zu einer Forderung gegenüber dem Darlehensnehmer wird. Der verliehene Besitz (das Geld) kann jetzt vom Darlehensnehmer genutzt werden. Die Nutzung wird mit einem Zins vergolten.

Der Zins ist Gegenstand eines (besonderen!) Tauschgeschäfts: Nutzung von Fremdeigentum gegen Gebühr. Er fällt dort an, wo jemand etwas nutzen darf, ohne dass es ihm gehört. Das ist vor allem dann der Fall, wenn es um Vermietung, Verpachtung oder Geldverleih geht. Dabei ist unerheblich, ob sich Zeit zwischen die dem Verleih zugrunde liegende Trennung von Besitz und Eigentum und deren Wiedervereinigung schiebt. Das geschieht in der Regel zwar. Maßgeblich für den Zins ist jedoch nicht die Zeitkomponente, sondern der *Wille*, Besitz vom Eigentum zu trennen. Es ist der Wille der Eigentümer, der sie veranlasst, Güter leihweise wegzugeben und auf deren Selbstnutzung zu verzichten. Für die Fremdnutzung ihres Eigentums fordern sie einen Tribut. Dessen Höhe ist von den Marktgegebenheiten, der Zeit, welche die Fremdnutzung benötigt, und dem Ausfallrisiko bei der Rückführung des Besitzes abhängig.

Der Zins ist also nur am Rande ein „temporäres Phänomen" (Issing 2011), nämlich immer dann, wenn es um seine Höhe geht. Im Kern ist er eine Vergütung für diejenigen, die in der Lage und Willens sind, Besitz und Eigentum zu trennen. Voraussetzung für eine Zinsnahme ist, eigenes Gut einer Fremdnutzung zuführen zu wollen und auf Eigennutzung zu verzichten. Der Zins ist, vom Zinszahler aus gesehen, ein Nutzungsentgelt und vom Zinsempfänger aus gesehen, eine Verzichtsprämie (s. o.). Je intensiver die Fremdnutzung von Eigentum und je größer das Risiko ihrer Nichtabgeltung oder der Nichtrückführbarkeit des Besitzes, desto höher der Zins. Nur wenn eine Fremdnutzung von Eigentum verschenkt wird, entfällt der Zins.

Man kann den Zins durchaus als „Prämie" sehen. Wer es hingegen unternimmt, den Zins als *Kompensation* von so etwas wie „Eigentumsprämie" zu definieren – nach Gunnar Heinsohn und Otto Steiger ein *dem Eigentum anhaftendes Merkmal* (2006) – ist uns anderen eine Erklärung schuldig. Eine Prämie als Charakteristikum des Eigentums konnte ich bei meinen Beobachtungen und Analysen (s. Verf. 2023a) nicht finden. Wer an das Vorhandensein einer Prämie am Eigentum glaubt, der muss seine Zinstheorie in der Tat auf „Geheimnisse" (O-Ton Gunnar Heinsohn und Otto Steiger) gründen. Prämiert werden in der Regel Personen und keine Sachen. Immerhin erkennen die genannten Autoren, dass Zinsen nichts mit Geld zu tun haben, obwohl sie meistens als Geldzahlung geleistet werden.

Zinshergabe (bzw. Zinsannahme) ist ein unanfechtbares Geschäft: Tausch Zins gegen Gewährung einer Eigentumsnutzung. Dieses Geschäft ist legitim und hat etwas völlig Natürliches. Diejenigen, die den Zins als eine Art Ausgeburt der Hölle abschaffen wollen, z. B. Silvio Gesell (Nachdruck 1984); Margrit Kennedy (1994) oder Bernd Striegel (2005), weigern sich, einen Lohn für eine gewährte Eigentumsnutzung anzuerkennen. Ja mehr noch! Sie neigen dazu, auf die zeitliche Beschränkung des Menschenlebens, der nicht nur Eigentümer, sondern auch Nichteigentümer unterliegen, keine Rücksicht nehmen zu wollen. Denn auch Nichteigentümer sind darauf angewiesen, Eigentum zu nutzen, wenn auch nur Fremdeigentum. Sie können oft nicht warten, bis sie selbst Eigentum haben, z. B. Hauseigentümer sind.

Auch für den Fall von Vorablieferungen in Verbindung mit der Gewähr von Zahlungsaufschüben erscheint das Zinsnehmen als vollkommen gerechtfertigt – aufgrund der analytisch bereinigten Begriffe „Besitz" und „Eigentum". Denn auch Vorablieferungen führen zu einer Trennung von Besitz und Eigentum.

Einen Zins für bereitgestelltes Geld zahlen zu müssen, erscheint je nach Bewusstseinsstand nicht immer als angenehm. Verständlich daher, dass im Laufe der Geschichte gegen das Zinsnehmen viel Emotionales hochkochte und gegen Geldverleiher viel Wut sich entlud. Es wird aber zugestanden werden müssen: Man hat ein begehrtes Gut zur Nutzung erhalten oder im Zuge eines Kaufs früher erhalten als verdient. Dafür ist eine Gegenleistung fällig. Das kann im Falle eines

Kaufguts heißen: es wird teurer. Im Falle eines Leihgutes heißt es: ein Zins (als Leih-/Nutzungsgebühr) fällt an.

Sollte sich in der Finanzwirtschaft gemäß den Vorstellungen des Wirtschaftstheoretikers Silvio Gesell so etwas wie „Negativzins" durchsetzen – Gesell wollte dies mit dem sogenannten „Schwundgeld" erreichen -, dann würden bewährte ökonomische Grundsätze auf den Kopf gestellt. Es müsste nämlich derjenige, der die Fremdnutzung seines Eigentums gestattet, auch noch draufzahlen.

Der ehemalige Schweizer Notenbankpräsident Fritz Leutwiler wollte bei den Geldemissionen der Schweizer Nationalbank ebenfalls einen „Negativzins" einführen, als ihm der Franken international als überbewertet erschien. Nun hat aber ein „Negativzins" mit dem Begriff Zins nicht das Geringste zu tun. Man könnte höchstens einen Rabatt als „Negativzins" bezeichnen. Leutwilers „Negativzins" war nichts anderes als eine Gebühr für das Lagern von Geld, auch wenn er sie nicht als solche bezeichnete.

Selbst ansonsten recht aufgeklärte Köpfe, wie z. B. Wolfram Engels, fordern zumindest zins*freies* Geld. – Eine zinsfreie Eigentumsüberlassung bzw. Vorablieferung kann es hin und wieder geben – sofern der Eigentümer den Lohn für die Fremdnutzung (die ihm eventuell sogar Extrakosten verursacht!) ausdrücklich verschenkt.

Fazit: So wie eine Zahlung zunächst gar nichts mit Geld zu tun hat, sondern ein Vorgang ist, der dem Tausch an sich und im allgemeinen angehört, hat auch die Zinszahlung nichts mit Geld zu tun, auch nicht mit dem Gütertausch, sondern mit dem Güterverleih. Das Wort „Zins" hat also – ähnlich wie das Wort „Zahlungsmittel" – einen prämonetären Wesenskern (Argentarius 1921; Issing 2011). Zins kann ein Naturalzins sein, der dem Sachgut vielleicht von vorneherein schon aufgeschlagen wird. Er muss nicht immer als Sonderzahlung ausgewiesen sein. Beim Verleih erscheinen Besitz von Eigentum getrennt und der Besitz wird fremdgenutzt.

3.5 Die Absurdität der „Geldpolitik"

Die Zinshöhe für geliehenes Geld wird in einer entwickelten Finanzwirtschaft vom Markt bestimmt. Der Zins ist jener Preis, den der Markt als Lohn für eine Fremdeigentumsnutzung, insbesondere für einen Zahlungsaufschub zu gewähren bereit ist (s. Abschn. 3.4). Unter anderem von der Höhe des Zinses hängt es ab, ob man den Vorteil z. B. eines Bankendarlehens nutzen will oder nicht. Entscheidend wird diese Höhe aber nur in wenigen Fällen sein (s. u.). Trotzdem: an diesem Punkt setzen die Aktivitäten der nationalen Zentralbanken an. Sie gehen davon aus, dass die Erhöhung des Zinses negativ mit der Kreditnachfrage korreliert. Vor diesem gedanklichen Hintergrund werden sie aktiv – angeblich mit dem Ziel, den Geldwert zu stabilisieren. Wir beobachten seit längerer Zeit, wieviel „Erfolg" sie damit haben.

Die Zentralbank eines Währungsgebiets ist in ihrer Rolle als Letztfinanziererin („lender of last resort") – und *nur* in dieser Rolle (s. Abschn. 3.3) – Monopolistin. Das ist die Voraussetzung dafür, dass so etwas wie *„Leitzins"* das Licht der Welt erblicken kann. Der Leitzins ist jener Zins, zu dem sich Geschäftsbanken bei der Zentralbank verschulden können. Er soll in die Mischkalkulation des Marktzinses einfließen und ihn mehr oder weniger hoch oder niedrig halten. Verbilligtes oder verteuertes Geld könne ja dazu animieren, mehr oder weniger Darlehen aufzunehmen und verstärkt oder vermindert zu kaufen.

Die rein wirtschaftliche Funktion (Zentralbank als Refinanzierungs- und Finanzmittelaufbewahrungsinstanz) ist also gekoppelt mit einer anderen: die Währung sichern oder – in den Worten der Zentralbanker – „Preisstabilität gewährleisten" (EZB 2009). Von einer Zentralbank wird erwartet – und sie nährt solche Erwartung auch bei jeder sich bietenden Gelegenheit – wachsame Gralshüterin des Geldes zu sein. Es ist klar, dass eine so verantwortungsvolle Aufgabe nur auf dem Weg einer „Politik" erfüllt werden kann, im vorliegenden Fall von der sogenannten *„Geldpolitik".* Mit der Geldpolitik wächst der Zentralbank über die rein ökonomische Funktion hinaus eine weitere Aufgabe zu: die einer Regel- und Normsetzerin.

Die Geldpolitik entsprang dem Wunsch, der Bewertung der Güter innerhalb einer Wirtschaft Bestand zu verleihen und damit die Inflation zu bekämpfen. Nun sollte man aber wissen, dass nur dann Hoffnung besteht, eine Inflation in den Griff zu bekommen, wenn man die Fülle der Faktoren, die sie bewirken, unter Kontrolle hat, zumindest die Hauptfaktoren. Das sind vor allem die Abläufe und Techniken bei der Bonitätsprüfung der kreditgebenden Banken. Das sind auch die Lohnkämpfe der Tarifkartelle. Und nicht zuletzt sind da auch noch die „ewigen Schuldner".

Seit dem zweiten Weltkrieg ist in keiner Marktwirtschaft beobachtet worden, dass Leitzinsmanipulationen zu dauerhafter Preisstabilität geführt hätten, die ja hätte bewirkt werden sollen. Die einzigen signifikanten Effekte waren Verzerrungen am Geldmarkt: zeitweise hohe Darlehenszinsen mit der Folge hoher Renditen beim Investment und – in einer Wirtschaft mit ca. 80 % Leihkapital wie beispielsweise der deutschen – hohe Einkaufskosten. Letztere bewirken zweifelsfrei Inflation (s. u.), also gerade das, was die Geldwertstabilitätler verhindern wollen. Deshalb hat es Inflationen gegeben, solange es Leitzinsen gibt, wenn auch zeitweise auf niedrigem Niveau.

In den letzten Jahrzehnten hat sich bei den Zentralbanken die Tendenz durchgesetzt, eine (moderate) Inflationsrate sogar ausdrücklich anzustreben! Dafür legt man eine sogenannte *Zielgröße* für die gewünschte Inflationshöhe fest. Man peilt in den USA und in der EU eine Inflation von 2 % im Jahr an. Die soll nicht über-, neuerdings aber auch nicht unterschritten werden. Dies zu erreichen, sei Sache der „Geldpolitik". Dazu ist zunächst einmal zu sagen: die Inflationsbekämpferin Zentralbank findet nichts dabei, auf eine Inflation geradezu hinzuarbeiten, wenn auch nur in Höhe von 2 %. – Aber dies nur nebenbei.

Ein eindrückliches Beispiel für die Unsinnigkeit der über Leitzinsen gesteuerten „Geldpolitik" bescherte uns Deutsche die Hochzinsphase Anfang der 90er-Jahre des letzten Jahrhunderts. Die durch den anwachsenden Leitzins in große Höhen getriebenen Darlehenskosten hielten viele Wirtschaftssubjekte nicht davon ab, immense Schuldenberge aufzuhäufen. Während dieser Zeit wuchs die Geldmenge horrend. Am Ende war sie fast doppelt so hoch als geplant. Schon in den ersten Monaten des Jahres 1994 war sie um 40 % angewachsen! Niemand kam über ein derart offensichtliches Versagen der „Geldpolitik" in Rage. – Dem Franzosen Jacques Delors wird das seinerzeit geäußerte Bonmot zugeschrieben: „Nicht alle Deutschen glauben an den lieben Gott, aber alle an die Bundesbank."

„Der EZB ist die Kontrolle über die Verbraucherpreise bereits seit Langem entglitten", schrieb die Wirtschaftswoche schon 2020, also *vor* dem letzten großen Inflationsschub. Gleiches gilt für die Zentralbanken der USA und Japans. – Der Auftrag an die Zentralbanken, den Geldwert stabil zu halten, hat sich längst in sein Gegenteil verkehrt. Wir beobachten Handlungen, die den Geldwert immer mehr destabilisieren. „Am Ende des Weges [des derzeitigen Finanzgebarens der Zentralbanken] steht die Staatswirtschaft. Oder eine Hyperinflation" (Wirtschaftswoche, 42/2021).

„Es liegt bis heute keine verlässliche Beweisführung vor, dass Zentralbanken, für die Hunderttausende von Angestellten arbeiten, mit ihrer Zins- und Geldmengenbeeinflussung den Wohlstand der Volkswirtschaften mehren würden" (Polleit und Prollius 2014). Schon Ludwig von Mises, der sich nicht nur in der Theorie, sondern auch in der Praxis ausgiebig mit Geldfragen beschäftigt hat, kommt zu dem Schluss. „Die Vorstellungen, die der Forderung nach Stabilisierung zugrunde liegen, sind vom Anfang bis zum Ende unhaltbar und widerspruchsvoll" (Mieses, Nachdruck 1980). Selbst eine goldgedeckte Währung ist nicht stabil. Die Annahme, man könne den Wert des Geldes durch künstliche Maßnahmen stabil halten, sei ein „naiver Glaube" (Mises., Nachdruck 2005). So wichtig diese an sich richtige Einschätzung kritischer Autoren auch sein mag, eine Begründung dafür konnte ich bei Ihnen bisher nicht finden. Gibt es überhaupt einen Grund, der dafür spricht, die Inflationsbekämpfung mit Hilfe von Leitzinsmanipulationen für eine absurde Idee zu halten?

Um diese Frage zu beantworten, besinnen wir uns auf die Ausführungen im Abschn. 2.6.2. Dort war gesagt worden, dass eine Inflation durch das Ausbleiben einer Gütermenge verursacht wird. Dieser Umstand hatte uns zu der Einsicht geführt, dass nicht eine zu große Geldmenge, sondern das Fehlen der vollständigen Deckung der Geldmenge Ursache für Inflationen ist. Die Inflation korreliert zwar positiv mit der Geldmenge. Aber diese Korrelation sagt nichts über die wahre Ursache der Inflation. Wesentlich aussagekräftiger ist die negative Korrelation der Inflation mit der Gelddeckung. Erst die mangelnde Gelddeckung erzeugt eine „zu große" Geldmenge und damit Inflation. Eine Geldmenge kann noch so groß sein. Wenn im Gleichschritt mit ihr auch die Sachgütermenge wächst, bleiben die Preise stabil. Ist das nicht der Fall, verschiebt sich also das Wertegleichgewicht zwischen Geld und Sachgütern zugunsten des Geldes, haben wir Inflation. Zur Aufrechterhaltung des Wertegleichgewichts trägt die Höhe des Zinses nichts bei. Es ist einzig die Deckung des Geldes, die hier eine Rolle spielt. Geldwertstabilität mit „Geldpolitik" erzielen zu wollen, basiert auf einem „monumentalen Trugschluss" (Riese 2001).

Durch ihre „Politik" haben sich die Kämpfer für stabiles Geld in eine nicht gerade beneidenswerte Lage gebracht. Sie befinden sich in einer Zwickmühle. Halten sie den Leitzins hoch, was nach ihrer eigenen Finanzphilosophie oft angesagt ist, dann schädigen sie die wegen ihrer übermäßigen Verschuldung angeschlagenen Staatsbetriebe. Halten sie den Leitzins niedrig, dann verärgern sie die Altersversorger und Rentensparer, die durch eine – wenn auch moderate – Inflation bisher ohnehin schon gebeutelt sind.

Noch eine weitere Fehleinschätzung der „Geldpolitik" ist zu erörtern:

Durch die Veränderung des Leitzinses soll sich nicht nur die Finanzwelt, sondern – in Verbindung mit ihr – die Wirtschaftswelt insgesamt beeinflussen lassen. So wurde die Vorstellung eines zentral gesteuerten Leitzinses zu einem der beliebtesten Ideen nicht nur der Inflationsbekämpfung, sondern auch der sogenannten „Konjunkturpolitik".

Die Befürworter der „Konjunkturpolitik" gehen offenbar davon aus, dass der Umfang der Kreditaufnahme die wichtigste Ursache für Konjunkturschwankungen und der vermeintlich damit verbundenen Inflationsgefahr ist. Derartiger Ökonomieverstand schreit geradezu danach, dieses Geschehen zu steuern. Es soll eine „überhitzte" Konjunktur durch Geldmengenverknappung gekühlt und eine „unterkühlte" durch Geldmengenzuwachs erwärmt werden. Das soll sich angeblich durch eine Veränderung des Leitzinses machen lassen, sozusagen mit der Geldhubschrauber- und Geldstaubsauger-Methode.

Um dies zu überprüfen, konfrontieren wir uns auch an dieser Stelle unseres Gedankengangs wieder mit den Vorgängen in der Praxis und mit den dort beobachtbaren Phänomenen.

Diejenigen Geldnutzer, die Geldmengen in nennenswerter Größenordnung beanspruchen und diese bei den Banken anfordern, sind die Wirtschaftsunternehmen. Es ist jetzt zu fragen: Was mache ich als Unternehmer während einer „überhitzten Konjunktur", die mit einem erhöhten Leitzins wegen der angeblich von ihr ausgehenden Gefahr zentralbankenseits gekühlt werden soll?

Die Zentralbanker gehen offenbar davon aus, dass ich vor Aufnahme eines Darlehens zunächst einmal lehrbuchmäßig „Faktoranalysen", „Barwertbestimmungen" und ähnliche theoriekonforme und pseudomathematisch aufpolierte Methodiken anwende, um zu einer Entscheidung zu kommen. Sie können sich nicht vorstellen, wie weltfremd das ist. Meine erste Aktion bei Geldbedarf ist der Blick in mein Auftragsbuch! Und in dem ist die Nachfrage nach meinem Produkt notiert.

Die Nachfrage ist in einer Hochkonjunkturphase gut. Eine solche Phase beschert nicht nur anderen, sondern auch mir volle Bücher. Sollte ich die mir zufliegenden Aufträge wegen eines durch die Zentralbank hoch gehaltenen Zinses ausschlagen? – Nein! Moderate Verschuldung vorausgesetzt, nehme ich das zur Auftragserfüllung und Investition benötigte Kreditgeld *trotz* hoher Zinsen und kalkuliere den hohen Zins in meine Verkaufspreise ein. Denn auch den Käufern und Abnehmern meiner Güter geht es bei einer „Überhitzung" des Marktes nicht schlecht. Sie werden höher entlohnt bzw. erzielen höhere Gewinne. Das bewirkt, dass viele von ihnen in ihrem Konsumverhalten mutiger werden und meine Produktpreise akzeptieren. Und die müssen jetzt wegen des zentral nach oben getriebenen Zinses höher sein.

Es lassen sich die teuren Kreditgelder eben gewinnbringend einsetzen. Deshalb greife ich auch dann danach, wenn sie hochbezinst sind. Solches Verhalten zeige nicht nur ich, sondern zeigen auch die anderen Unternehmer. Auch die befinden sich bei Hochkonjunkturphasen in guter Auftragslage. Auch deren Kundschaft sagt nicht nein, wenn es ums Kaufen geht, selbst dann nicht, wenn der überhöhte Zins in den Verkaufspreisen enthalten ist. So steigen *trotz* hoher Zinsen und der damit beabsichtigten Drosselung des Geldmengenzuwachses flächendeckend die Preise.

Jeder Manipulationsversuch des Marktes von außen wird stets von den Marktgesetzen unterlaufen. Das gilt auch für den Finanzmarkt. Geld- und Konjunkturpolitik durch Drehen an der Zinsschraube hat noch nie richtig funktioniert, selbst nicht in den angeblich goldenen Zeiten der Deutschen Bundesbank. Welches vorteilspendende Geheimnis sich hinter dieser Form von „Politik" verbirgt, muss noch ergründet werden.

Eine ernüchternde Erfahrung mussten die Zentralbanker in der sogenannten „Finanzkrise" (ab 2007) machen, als sie durch extrem niedrige Zinsen die Unternehmen dazu animieren woll-ten, mehr Darlehen zu nehmen. Die als zu lau eingeschätzten Wirtschaftsaktivitäten sollten damit angekurbelt werden. Die störrischen Unternehmer rührten sich aber nicht und wollten kein Geld, worauf z. B. die Deutsche Bundesbank mehrfach klagend hinwies. Trotz niedrigster Zinssätze reagierte niemand auf die Leitzinspolitik der Zentralbank.

Die Banker übersahen, dass Unternehmer und selbst Börsenspekulanten billigst angebotenes Kreditgeld nicht abnehmen, wenn sie keine vernünftigen Absatzchancen für ihre Produkte und Leistungen bzw. keine Gewinnchancen beim Handel mit Wertschriften sehen. Sie *wollen* dann einfach nicht. Der Wille der Wirtschaftssubjekte als treibende oder dämpfende Kraft im Konjunkturgeschehen wird in der theoretischen Ökonomie noch immer gewaltig unterschätzt. Dieser unberechenbare Faktor macht jede „Politik" im Finanzwesen zur Farce. Die Zentralbanker glauben aber, man könne den Kaufwillen der Marktteilnehmer steuern. Sie machen ihre Rechnung ohne den Wirt, und das heißt im vorliegenden Fall: ohne Blick auf die Nöte oder Gelüste freiheitsbegabter Individuen.

Nicht die Geldnutzer*gemeinschaft* fällt Kaufentscheidungen. Sie ist ja kein Lebewesen, das so etwas wie eine volonté général in sich trüge. Kaufentscheidungen fällen immer nur einzelne Individuen. Und die kaufen, wenn sie es für richtig halten und nicht dann, wenn sie laut Zentralbankbeschluss kaufen sollen. Wer wirklich kaufen will, sei es aus Not, Angst oder Lust, dessen Wille ist eher selten durch den Willen der Zentralbanker beeinflussbar. Einen wesentlich größeren Einfluss auf Kaufentscheidungen dürften Werbefeldzüge haben. Dann wäre der richtige Weg für die „Geldpolitik" doch der, Werbeagenturen und Psychologen zu sponsern. Die schaffen es manchmal, aus freiheitsbegabten Menschen Lemminge zu machen.

Bei der unübersichtlichen Fülle der Vorgänge am Markt mit seinen freien individuellen Entscheidungen: wer will hier – außer Bonitätsprüfern oder Monopolkontrolleuren – zwecks Inflationsbekämpfung etwas „zum Guten" hin wenden können? Außerdem: Wenn die Zentralbank damit beginnt, ihren Zins zu verändern, wäre es für die beabsichtigte Steuerung der Konjunktur oft sowieso schon zu spät. Denn jede Leitzinsänderung braucht ihre Zeit, um am Markt durchzudringen. Insofern stellt sich automatisch die Frage: was passiert, wenn die Wirkung einer Leitzinserhöhung erst einsetzt, wenn die Konjunktur wieder zu schwächeln beginnt?

Ausschlaggebend für die Kreditnachfrage – und damit für das Geldmengenwachstum – sind nicht zuletzt die Zukunftserwartungen der Gütererzeuger, Konsumenten und Spekulanten. Und die treibende Kraft des Geschehens ist der ganz natürliche egoistische Wunsch nach mehr Gewinn und mehr Besitz. Kaum jemand schert sich, wenn er wirklich kaufen will, an der Höhe des Zinses. Der Kaufwille der Wirtschaftssubjekte und ihre Erwartungen an die Zukunft sind die entscheidenden Faktoren für das Auf und Ab der Geldmenge. Teures Geld hält die wenigsten vom Kaufen ab. Die Entscheidungen derjenigen, die nur wegen zu teurem Geld nicht kaufen, beeinflussen den Gang der Dinge kaum.

„Niemand kauft, nur weil er Geld hat", sagte der Banker Johann Philipp von Bethmann einmal (Johann Philipp von Bethmann und Bernd Niquet, 1997). Umgekehrt wird ein Schuh draus: Jeder besorgt sich Geld, wenn er kaufen will. *Dann* steigt oder sinkt die Geldmenge, und zwar auf die der Wirtschaft bestens angepasste Weise. Die Verschuldungsbereitschaft für Käufe und die Bonität der potenziellen Käufer sind die Auslöser für ein natürliches Geldmengenwachstum. Hieraus ist zu lernen: eine höhere Güternachfrage schafft ein Mehr an Geld und nicht, wie die Monetaristen und Keynesianer glauben, ein Mehr an Geld eine höhere Güternachfrage. Konjunktur ist stets die Gesamtheit getätigter Nachfrage. Und die beruht letztlich auf Willensentscheidungen von Nach-*Fragern*. Deren Wille hängt wesentlich von subjektiven Wünschen und Erwartungen ab.

Veränderungen im Geldmengenbereich sind in einer vernunftgemäß entwickelten Ökonomie stets nur Auswirkungen realwirtschaftlicher Veränderungen. Und die entstehen zuerst als Zielvorstellung im Kopf einzelner Wirtschaftssubjekte. Auch wenn die Preise in die Höhe schießen und vor lauter Anlegergeld die Börse platzt – es sind immer individuelle Entscheidungen, welche die Geldmenge bestimmen.

Je größer der Wille zum Kauf (bzw. zur Investition), desto mehr Geld entsteht. Nachfragebereitschaft bewirkt Verschuldungsbereitschaft und somit Geldschöpfungsbereitschaft. Diese These bestätigt die altehrwürdige Banking-Theorie: Die Steigerung der Wirtschaftstätigkeit und Wirtschaftsdynamik bewirkt ein natürliches Geldmengenwachstum und nicht umgekehrt. An diesem Vorgang ist das Geld nicht aktiv, sondern passiv beteiligt. Diejenigen, die dennoch versuchen, es mittels gelenkter Maßnahmen „aktiv" zu machen, können getrost ihr Waterloo abwarten.

Die Inflationsrate war in den vergangenen Jahrzehnten in Deutschland vergleichsweise moderat. Es ist insofern nicht verwunderlich, dass die Deutsche Bundesbank, die dies auf ihrem Konto als Guthaben verbuchte, behauptete, es angeblich mit Hilfe ihrer „ausgewogenen Geldpolitik" bewirkt zu haben. Wesentlich mehr Gewicht dürfte man der Behauptung der Tarifpartner beimessen, ihre besonnene „Tarifpolitik" hätte die Inflationsrate niedrig gehalten. Auf jeden Fall war es aber auch das Verdienst kreditgebender Geschäftsbanken, die ihre Bonitätsprüfungen damals noch hinreichend kompetent bewerkstelligt hatten. Auch dürfte die Innovationskraft der Wirtschaft und die dadurch gewachsene Produktivität zur

Preisstabilität beigetragen haben. Außerdem hat die Wirtschaft dafür gesorgt, dass Billigimporte in die inflationsträchtigen Länder gelangten, welche dort die Preise relativ stabil hielten. Die Hungerlöhne in den Entwicklungsländern haben in den letzten Jahrzehnten die Folgen der Schuldenabenteuer der Finanzeliten „entwickelter" Staaten einigermaßen abgefangen und neutralisiert. So konnten zumindest bis vor kurzen die Deckungslücken beim Geld immer wieder geschlossen werden. Güterknappheit gab es nicht. Das ändert sich offensichtlich seit einiger Zeit.

Es sei einem monetären Zentralinstitut unbenommen, die Höhe seiner Zinsen festzulegen. Nur muss es nicht glauben, damit „Politik" machen zu können. Jede willkürliche, also widernatürlich in Gang gesetzte Zinsänderung hat früher oder später Einfluss auf die Sachgüterpreise. Erhöht sich der Zins, erhöhen sich auch sie. Dann bewirkt dies eben Inflation, und zwar entgegen den honorigen Absichten der Inflationsschützer. Bei den durch „Geldpolitik" bewirkten Inflationen ist es nur eine Frage der Zeit, wann sie voll durchschlagen. Programmiert sind sie von Anfang an. Bei wertvollen realen Vermögenswerten (Immobilien, Investitionsgütern, Rohstoffen) sind sie zuerst sichtbar. Dafür gibt es Gründe, die hier nicht zu erörtern sind.

Bei aller Zustimmung für Methoden der Inflationsbekämpfung – man vergesse das in den Abschn. 2.4 und 2.5 Dargelegte nicht: Geld entsteht immer *zwischen* uns (wozu auch der Staatsbetrieb, die Zentralbank und die bei der Zentralbank um Darlehen anhaltenden Geschäftsbanken gehören), und zwar in einem autonomen Schöpfungsprozess. Geld entsteht dort, wo bei einem Tauschgeschäft ein Schuldverhältnis überlebt und eine Kreditierung fällig wird.

Kein Individuum, kein Institut kann die Finanzmärkte beherrschen. Kreditierungen erwachsen zwar aus Bedürfnissen, die oft allgemeine Bedürfnisse sind, hängen aber letztlich von individuellen Erwägungen und von individueller Willkür ab. Der Versuch, „Geldpolitik" über den Leitzins zu betreiben, verstößt so ziemlich gegen jedes Marktgesetz, das mir bekannt ist. Die einschlägigen Versuche der EZB sind so schräg, dass sie dem architektonischen Entwurf ihres Frankfurter Hauptgebäudes Konkurrenz machen könnten.

Im Abschn. 2.6.2 wurde gezeigt, dass das Preisniveau nur dann aus dem Lot gerät, wenn das Geld nicht ausreichend durch Leistungspotenziale gedeckt ist. Dann ist die Geldvernichtung nicht ausreichend gesichert. Inflation entsteht aufgrund einer Gelddeckungslücke. Eine solche Lücke wird am Markt auf ganz natürliche Weise geschlossen: mit Preiserhöhungen. Der Markt korrigiert über kurz oder lang ökonomisches Fehlverhalten, und zwar aufgrund apriori geltender Gesetze.

Eine Zentralbank kann nur in einer Hinsicht „Hüterin des Geldes" sein, nämlich dann, wenn sie sich als professionelle oberste Bonitätsprüfstätte des Finanzverkehrs versteht. In ihrer Rolle als „lender of last resort" könnte sie diese Funktion durchaus übernehmen. Die Greenspans und Lagardes müssten sich dem Publikum dann nicht mehr so bemüht schlau und überlegen wie bisher präsentieren, als eine allwissende Priesterkaste, residierend in so etwas wie Tempeln (die Bankhäuser mit ihren Säulen und Hallen). Groß war die Überraschung anlässlich der Finanzcrashs Anfang des 21. Jahrhunderts. Das Publikum traute seinen Augen nicht, als es die Betreiber der Zentralbanken („Masters of Universe") plötzlich als hektisch agierende Löschmannschaften erlebte und nicht mehr in der Pose imposanter und souverän dreinschauender Magnaten.

Die Grenzen der so hoch gehandelten „Geldpolitik" und ihrer „Inflationsbekämpfung" wurden schon relativ früh erkannt (z. B. Friedrich Lutz, 1962). Dass aber solche „Politik" völlig absurd ist und sogar schädlich, erhellt erst nach eingehender Inaugenscheinnahme der Phänomene und ihrer kritischen Analyse.

Fazit: Umfassende Einflussnahmen auf die Geldschöpfung sind bei der heutigen Wirtschaftsorganisation praktisch unmöglich. Das ist auch der Grund, warum wir seit einiger Zeit beobachten, wie diese „Politik" an die Wand fährt. Die Geldmenge lässt sich über Zinsen nicht steuern. Ein solches Verfahren kann sich nicht nur, wie beabsichtigt, antizyklisch auswirken, sondern – wie wir oben gesehen hatten – auch prozyklisch, und dann in Richtung Inflation. „Geldpolitik … ist … ein brutaler Akt von Enteignung", äußerte schon 1921 der einflussreiche Berliner Banker und Geldtheoretiker Argentarius (2016). Er dachte dabei an die ungewollten bzw. uneingestandenen Nebenwirkungen dieser „Politik". In den Abschn. 2.6.2 f. wurde begründet, warum seiner Einschätzung beizupflichten ist. „Geldpolitik" braucht eine Wirtschaftsgemeinschaft nicht. Insofern braucht sie zumindest für *diesen* Zweck keine Zentralbank.

3.6 Strenge Bonitätsprüfung statt „Geldpolitik"

„Es läuft immer so viel Geld in einem Lande um, wie Tauschakte zwar vorgenommen, aber nicht vollständig erledigt, sondern sozusagen noch in der Schwebe geblieben sind. Denn das Geld ist ja gerade die Bescheinigung, dass ein Tauschakt erst zur Hälfte durchgeführt worden ist". Argentarius hat hier offensichtlich den unvollendeten Sachgütertausch im Blick (2016). Damit eine Wirtschaft finanzmäßig gesund bleibt, muss dafür gesorgt sein, dass auch die zweite Hälfte des Sachgütertausches durchgeführt wird. Dies zu garantieren, sollte die Aufgabe der Bonitätsprüfer sein und beim *Währungs*geld die Aufgabe der Banken.

Aus den Analyseergebnissen der Abschn. 2.5 ff. bis 2.6.3 ist ersichtlich, dass beim Geldwesen nur dann etwas aus dem Lot gerät, wenn Fehler beim

Monetisierungsakt, insbesondere bei der Bonitätsprüfung gemacht werden. Also müssten diejenigen, welche die „Stabilität des Geldes" bewirken wollen, darauf aus sein, dass bei Geldschöpfung und Geldvernichtung alles korrekt abläuft. Wenn es dann zusätzlich noch eine effektive Kontrolle aller in der Gesellschaft aktiven Monopole und Kartelle gäbe, wäre alles Menschenmögliche gegen inflationäre Tendenzen getan.

In einer normal arbeitenden und von unsinnigen Reglementierungen unbehelligten Wirtschaftsgemeinschaft vermehrt sich die Geldmenge (= Menge der als Handelsgut allgemein akzeptierten Schuldentilgungsversprechen) stets nur im Einklang einerseits mit dem freien Willen der potenziellen Schuldner, andererseits mit den Bonitätsnormen der potenziellen Gläubiger. Bei einem gesunden Geldwesen ist das Geld stets an den Umfang menschlicher Leistungsvermögen gekoppelt und durch diese nicht nur gedeckt, sondern auch verknappt. Dort erscheint jedes neu geschöpfte Geld (jede Erhöhung der Geldmenge bzw. der Gesamtverschuldungshöhe) immer mit Leistungspotenzialen unterlegt. Und wo solche Potenziale nicht nachweisbar vorhanden sind, sollte es eben kein Geld geben.

Die passende Geldmenge ist immer jene, die auf dem Fundament eines ökonomischen Leistungspotenzials steht, also die *gedeckte* Geldmenge. Eine passgenauere Geldmenge gibt es nicht. So bedarf es auch keiner künstlich veranstalteter Breakings und Pushings durch eine „Geldpolitik". Die durch Leistungspotenziale gedeckte und somit wieder vernichtbare Geldmenge ist immer die richtige. Der „Leitzins" ist sicher nicht das Instrument, hier etwas richtiger zu machen.

In einer gesunden Geldwirtschaft darf sich die Monetisierung von Tilgungsversprechen nur vollziehen, wenn der Marktwert der Schuldtitel akkurat geprüft ist. Die Institute, die Schuldtitel erwerben, in unserem Fall vor allem die Banken, werden dafür einstehen müssen. Sie haben nicht nur Forderungen, sondern auch Verbindlichkeiten gleicher Werthöhe in ihren Büchern. Ob sie den Marktwert der Schuldtitel, die sie ankaufen, richtig eingeschätzt haben, zeigt sich daran, ob deren Emittenten die Verbindlichkeit vollständig bedienen und damit ihre Schulden löschen können. Können sie das aus irgendeinem Grunde nicht, muss die Bank sie selber löschen. Sie kann das tun aus ihrem Gewinn und aus ihrem Eigenkapital heraus. Gelingt das nicht, hat sie ihre eigene Bonität verwirkt und damit die Herrschaft über sich selbst. Es kann zum Zusammenbruch kommen. Jeder Bankenzusammenbruch birgt Inflationspotenzial. Einer heftigen Inflation durch Bankzusammenbrüche wird derzeit zumindest in Europa dadurch vorgebeugt, dass die Europäische Zentralbank die sogenannten „Schrottpapiere" aufkauft. Damit ist die Gefahr jedoch nicht beseitigt. Das Problem ist nur verlagert.

Es sollte einer größeren Geldmenge stets eine durch Wertschöpfung (Realisierung von Leistungspotenzial) neu hinzukommende Sachgütermenge korrespondieren. Und weil diesseits des Zauns vom Paradies die Leistungspotenziale knapp sind, sollte sich das auf die Knappheit des (durch sie gedeckten!) Geldes auswirken. Das Geld wäre dann immer genau so knapp, wie es natürlicherweise, d. h. *marktkonform* sein sollte. Die Knappheit des Geldes innerhalb einer Finanzwirtschaft wird bestimmt durch das als Tilgungspotenzial zu verwendende Leistungsvermögen aller Kreditnehmer. Deshalb muss es keine mit politischer Autorität ausgestattete Instanz geben, die für die Knappheit des Geldes sorgt.

Eine Geldmengenerhöhung ist nur in Verbindung mit einer Ausweitung von Produktion und Leistung gesund. Dadurch ist ein hinreichend stabiles Gleichgewicht zwischen dem Wert allen Geldes und dem Wert aller Leistungspotenziale und deren Produkte erzielbar. In einer naturbelassenen Wirtschaft pendeln sich – trotz aller unvorhersehbaren Ereignisse – beide Werte immer wieder auf gleichem Niveau neu ein (die jeweilige Zeitverzögerung in Rechnung gestellt). Dieses freie Wechselspiel wird durch den Niedergang überschuldeter Staatswirtschaften, durch fallierende Spekulanten und durch marode Banken gestört.

Überließe man die Entwicklung der Geldmenge dem Handel treibenden Publikum und seinen Geschäftsbanken, würde sie sich auf ganz natürliche Art der wirtschaftlichen Entwicklung anpassen. Dann ist in der Tat ein geregeltes Geldmengenwachstum gegeben: Zug um Zug käme ganz zwanglos so viel Geld auf den Markt, wie es die Bonität der Wirtschaftssubjekte zulässt. Und die Zuordnung von Werteinheiten zu den Sachgütern, d. h. die Preisbildung (Festlegung numerisch fixierter Werte) regelte ebenso zwanglos die Nachfrage – oder von der anderen Seite aus betrachtet – die Knappheit der Güter. Steigt die Nachfrage bzw. werden die Güter knapp, dann steigt der Preis. Umgekehrt gilt das Gleiche.

Jede in diesem Spannungsfeld gewachsene Geldmenge ist optimal. Sie muss nicht über so etwas wie „Leitzins" geregelt werden. Die Zinshöhe kann man dem Markt überlassen. Für eine gesunde Geldmengenentwicklung ist die Werteinschätzung der Bonitätsprüfer bei der Geldschöpfung wichtig. Denn sie kann – bei dem großen Einfluss, den sie auf die Geldschöpfung hat – das Wertgleichgewicht Geld-Sachgut relativ stabil halten. Der jeweils vorhandene Wert der Leistungsvermögen der Wirtschaftsgemeinschaft gibt die Grenzen vor, innerhalb derer sich die Geldschöpfung bewegen muss. Man kann so viel Geld auf dem Markt haben, wie man will. Wenn es voll durch Leistungsvermögen gedeckt ist, besteht keine Gefahr für die Wirtschaft.

Die korrekte Ermittlung der Bonität bei den Schuldnern durch die kreditgebenden Banken ist der Garant für die Stabilität des Geldes einer Finanzwirtschaft. Eine bessere „Geldpolitik" – wenn es denn unbedingt eine Politik sein muss – als die Sorge um das Potenzial der Wiedervernichtung einstmals geschaffenen Geldes gibt es nicht. Und das Geldvernichtungspotenzial ist das Leistungsvermögen der Gesellschaft.

Dieses Untersuchungsergebnis lässt übrigens auch eine realistische Einschätzung des Konjunkturproblems zu: Eine gesunde Wirtschaftsgemeinschaft wird immer mit Konjunkturschwankungen leben *müssen*. Und sie wird auch damit leben *können*. Konjunktur ist grundsätzlich nicht regelbar. Gegen jeden diesbezüglichen Versuch steht der unberechenbare Wille freiheitsbegabter Individuen, welche die Wirtschaft durch Produktion, Handel und Konsum in Gang halten.

3.7   Ein geldfreier Zahlungsverkehr

Zwar nicht die *funktionale* Gelddefinition (s. Abschn. 2.5.1.2), aber die *essenziale* (s. Abschn. 2.5.1.1 und 2.5.2.1) enthält unter anderen Merkmalen auch die Deckung des Geldes: *„Geld ist die Gesamtheit der Zahlungsmittel in Form numerisch bewerteter, symbolisch materialisierter Tilgungsversprechen, die gedeckt sind durch das Tilgungspotential hochbonider Emittenten."* Das Tilgungspotenzial, das ein Tilgungsversprechen deckt, ist, wie oben herausgearbeitet wurde, die sog. *Bonität* der Emittenten der Tilgungsversprechen.

Nun könnten aus den vorigen Abschnitten, die uns zum Geldbegriff hingeführt hatten, einige interessante Fragen entstehen. Der Charm phänomenadäquater Definitionen besteht darin, Fragen zu ermöglichen, die einen realistischen Blick in die Zukunft gestatten. So auch im Finanzbereich. Hier wäre zu fragen: Wenn man die Bonität der Menschen ohnehin braucht, um einen reibungslosen Handel zu ermöglichen, warum bringt man sie dann nicht *direkt* auf den Markt? Warum kann man die Kaufkraft eines Menschen nicht *direkt* an seine Bonität knüpfen? Weshalb der Umweg über das Geld? Braucht man überhaupt Geld zur Vergütung des Sachgütererwerbs?

Die „nackte" Bonität, also das Güterlieferpotenzial und nicht erst das auf ihr basierte Lieferversprechen (welches als Schuldentilgungsversprechen das Geld generiert) könnte doch *selbst* am Markt als Tauschmittel auftreten! Ein Tausch wäre dann nicht mehr der Tausch Güterlieferung (etwa eines Küchengeräts) gegen Güterlieferung (etwa eines Geldbetrags), sondern der Tausch Güterlieferung gegen Güterlieferpotenzial. Auf den folgenden Seiten wollen wir uns in dieses Szenario so hineinversetzen, als wäre es bereits Realität. Dann zeigt sich:

Das Güterlieferpotenzial (die Bonität) erscheint ohne den Umweg über ein besonderes Medium als Kaufkraft des Wirtschaftssubjekts auf dem Markt. *Der Mensch kauft also mit einer seiner Eigenschaften: der Bonität.* Nicht das Geld, sondern die Deckung des Geldes (Bonität) geht in den Tausch ein. Geld und

Bankensystem haben keine Funktion mehr und verschwinden. Mit ihnen verschwindet der ganze theoretische und ideologische Schwachsinn, der sich um diese Institutionen inzwischen rankt. Und der Traum des Franz Oppenheimer (des Lehrers von Ludwig Erhard) von der sogenannten „reinen Wirtschaft" nimmt Gestalt an. Der Handelsverkehr hat sich wieder ausschließlich an die ökonomische „Basis" verlagert, ähnlich wie bei dem ganz elementaren und ursprünglichen Sachgütertausch. Der Unterschied zu diesem ist: Die Wirtschaftssubjekte tauschen nicht nur mit realen Gütern, sondern auch mit ihren Güterlieferpotenzialen (Bonitäten).

Monetisierung und Demonetisierung von Schuldentilgungsversprechen, also Geldschöpfung und Geldvernichtung (s. Abschn. 2.5.3) entfallen. Sie werden ersetzt durch *Liquidisierung* und *Deliquidisierung* von Güterlieferpotenzialen.

Alle Güterlieferpotenziale des Wirtschaftssubjekts, die Verkäufliches beibringen könnten und deshalb einen Marktwert haben, werden liquidisiert. Die Potenziale können sich auf die Lieferung von Sachgütern beziehen oder auf die Lieferung von Arbeitsleistungen. Die Liquidisierung wird neben dem Liefervermögen von bereits *existierenden* marktgängigen Gütern (Besitztümern) auch solche Liefervermögen umfassen, mit denen marktgängige Güter erst *hergestellt* werden. Sie erstreckt sich also auch über das *Gütererzeugungsvermögen*. Das Gütererzeugungsvermögen erweitert das real vorhandene Güterliefervermögen.

Auch die Deliquidisierung bezieht sich auf das Güterliefervermögen. Sie erfolgt immer dann, wenn die Marktteilnehmer Güter erwerben oder wenn sie Bonität delegieren (etwa in Form von Schenkungen oder von Krediten). Beim Erwerb eines werthaltigen Gutes erleiden die Marktteilnehmer einen wertgleichen Abschlag ihrer Bonität. Der Mensch erfährt also – in seiner Rolle als homo oeconomicus – eine Wertminderung seiner Person! Sein Sachgüterhort hingegen gewinnt an Wert. Das gleiche geschieht bei einer Schenkung oder einer Kreditvergabe. Auch die Kreditoren erfahren eine persönliche Wertminderung. Sie erhalten aber anstelle von Gütern eine Forderung als Ausgleich ihres ursprünglichen persönlichen Wertes.

Liquidisierung und Deliquidisierung sind Auf- bzw. Abnotierungen von Vermögenswerten in einem allgemeinen Register. Das Register befindet sich bei einer zentralen *Clearingstelle*. Sie ist für allfällige Bonitätstransfers zuständig und deshalb die organisatorische Voraussetzung für die Funktionstüchtigkeit eines globalen geldfreien Wirtschaftssystems. Für ihre Registrierungs- und Transferarbeit erhält sie ein Honorar – zulasten der jeweiligen Auftraggeber. Der heutige Giralverkehr trägt – rein technisch gesehen – schon viele Züge einer solchen Finanzpraxis, unterscheidet sich von ihr aber prinzipiell.

Der Interbankenverkehr, bei dem die Geldtransfers zwischen den Wirtschaftssubjekten auf einem (gegenseitigen) Befehlsweg zwischen den Banken stattfinden, entfällt. Stattdessen gibt es einen Direkttransfer zwischen den Marktteilnehmern.

Der Tranfer schlägt sich als elektronisches Datum nieder im Register der Clearingszentrale. Aufgrund dieser Einrichtung und dieses Verfahrens ist die Wirtschaft ein in sich geschlossenes System, und zwar ohne das Subsystem „Finanzwirtschaft".

Vermögenstranfers zwischen Wirtschaftssubjekten finden ausschließlich innerhalb der Wirtschaft statt: als unmittelbare Übertragung von Subjekt zu Subjekt. Auch jede Schenkung oder jede Kreditierung erfolgt zwischen den Wirtschaftssubjekten unmittelbar. Die Erörterung des Kredits in Abschn. 2.3 hatte gezeigt, dass er mit dem Wesen des Geldes nichts zu tun hat, sondern der pränumerischen Sphäre des Handels angehört. Bleibt also Handel erhalten, wird das Kreditieren erhalten bleiben. Auch die beiden anderen tragenden „Säulen des Tausches" (Evaluation und Quantifikation) bleiben im geldfreien Zahlungsverkehr unverändert erhalten. Denn auch sie gehören nicht dem Geldverkehr an, sondern sind Basis des Tauschhandels an sich. Sie sind unter anderem auch für die Einschätzung der wirtschaftlichen Güte (Bonität) eines Individuums notwendig.

Das Kreditieren ist vor allem wichtig für die Erzeugung der Bonität bei Marktneulingen. Die Vergabe eines Kredits mutiert zu einer speziellen Form von Bonitätstransfer. Sie ist ein privater Akt zwischen zwei Handelspartnern, ein Geschäft auf der Basis einer individuellen Vereinbarung, bei der Besitz und Eigentum getrennt werden. Ein solches Geschäft wird meistens einen *Zins* beinhalten. Auch beim Zins hatten wir gesehen, dass er in keinem Wesenszusammenhang mit Geld steht (s. Abschn. 3.4).

Das Anbieten von Geld ist ersetzt durch das Angebot, einen Teil der eigenen Bonität zu opfern und an die Bonität eines Anderen zu übertragen und deren Wert damit zu erhöhen. Der Liquiditätsminderung beim Sachguterwerber korrespondiert ein Liquiditätszuwachs beim Sachgutlieferanten. Schuldverhältnisse gibt es nur noch an der „Basis" der Wirtschaftsgemeinschaft, also zwischen den einzelnen Wirtschaftssubjekten.

Solange Bonität nicht in den Tausch eingebracht werden kann, entweder indirekt (wie bisher über Geld) oder direkt, funktioniert keine entwickelte Wirtschaft, auch keine geldfreie. Das ist übrigens der Grund, warum die bisher existierenden Kryptowährungen die Welt nicht retten können. Haben ihre Emittenten keine nachweisbare Bonität, können sie die Welt nur zerstören. Dieses (Zerstörungs-)Potenzial haben sie mit bestimmten ungedeckten Wertschriften („Schrottpapieren") gemeinsam.

Die Kreditierung erfolgt aufgrund einer Bonitäts*prüfung*. Ohne das Vorhandensein eines Erbes oder einer Berufs- bzw. Arbeitsfähigkeit ergibt solche Prüfung keinen Sinn. Wer als Kreditor die Prüfung nicht selbst vornehmen will, delegiert sie an eigens dafür ausgebildete Fachleute, die sogenannten *Analysten*. Die Analysten erhalten für ihre Arbeit ein Honorar von den Kreditoren, das von diesen meistens an Dritte weiterverrechnet wird. Analysten sind exquisite Ökonomen. Das müssen sie vor allem deshalb sein, weil die Bonitätsprüfung auch die Ermittlung und Bewertung der Güterproduktionspotenziale umfasst. Insofern wird nicht jeder Marktteilnehmer Analyst sein können.

An der Professionalität ihrer Arbeit haben die Analysten größtes Interesse. Denn sie müssen für Fehlentscheidungen bei ihrer Tätigkeit persönlich haften. Durch die Selbsthaftung kann die Gefahr gebannt werden, wodurch individuelles Versagen einen Schaden bei anderen erzeugt. Also muss es bei den Analysten eine ihrem Risiko angemessene Haftungsreserve geben, die entweder individuell (durch nachgewiesene, äußerst solide Bonität) oder per Assekuranz zu gewährleisten ist.

Die Analysten sitzen nicht in irgendwelchen Bankhäusern und studieren an Akten oder Computern, sondern sie bewegen sich überall dort, wo Wirtschaft wirklich stattfindet und wo man die Dinge unmittelbar beobachten kann. Nur „an der Front" gewinnen sie einen genauen Einblick in das Marktgeschehen. Und den benötigen sie für die professionelle Beurteilung der persönlichen Lage eines Kreditaspiranten.

Vor Markteintritt muss ein Wirtschaftssubjekt eine bestimmte *Anfangsbonität* besitzen. Die kann durch ein Geschenk (Erbschaft) oder durch einen Kredit entstehen. Die Bonität des Marktneulings wird als numerischer Wert in das Register der Clearingzentrale eingetragen, quasi als Startvermögen. In der Folge erhöht sich dieses Vermögen nur durch Bonitätstransfers, d. h. anlässlich Schenkungen und Krediten, aber auch durch *Ver*käufe. Es mindert sich ebenfalls durch Schenkungen und Kredite, aber auch durch *Ein*käufe.

So wie bei der Geldwirtschaft gibt es auch in der geldfreien Wirtschaft Kreditoren ersten und zweiten Grades (s. Abschn. 2.5.2.4). Die rührigsten und effektivsten Kreditoren zweiten Grades dürften die Analysten sein. Denn sie kennen ihre „Schäfchen" am besten.

Eine Insolvenz ist innerhalb der hier dargestellten geldfreien Wirtschaft bereits im Gefahrenstadium für alle sichtbar: die Bonität des betreffenden Wirtschaftssubjekts geht gegen Null. Ist die Null erreicht, dann kann das Subjekt nicht mehr Marktteilnehmer sein. Deshalb wird es Konkurse und die damit u. U. äußerst kostenträchtigen und ressourcenvernichtenden Verfahren nicht geben. Sie sind ersetzt durch die Abschaltung der Person im Bonitätsregister. Die Abschaltung ist die Aufforderung (quasi der Befehl), den Markt zu verlassen. – In entwickelten Gesellschaften ist ein Überleben eines Menschen auch außerhalb des Marktes möglich, allerdings nicht auf dem Niveau eines „normalbürgerlichen Lebens".

Alle Maßnahmen zur gekünstelten Verknappung der Finanzmittel sind überflüssig. Das aufwendige Rechnungswesen entfällt. Für eventuelle Beweiszwecke speichert die Clearingzentrale die Daten aller am Markt vollzogenen Transfers (Blockchain-System). Die „Geldpolitik" wird ersetzt durch die exquisite Aus-bildung der Analysten. „Ewige Schuldner" mit dem entsprechend verschleierten wirtschaftlichen Explosivpotenzial gibt es nicht.

In einem geldfreien Handelsverkehr kann jedes Wirtschaftssubjekt so viele Güter vom Markt abrufen und zur Eigennutzung in Beschlag nehmen, wie ihm auf-grund seiner geprüften und im Zentralregister verzeichneten Bonität zustehen. Die Bonität ist sein aktuelles Schuldentilgungspotenzial, mit anderen Worten: sie ist seine *Kaufkraft*. Hier wird deutlicher sichtbar als bisher (s. Abschn. 2.5.2.2): die Kaufkraft ist kein Merkmal des Geldes, wie viele Geldtheoretiker glauben. Sie ist ein Merkmal der Marktteilnehmer, also eine persönliche Eigenschaft.

Für die numerische Bewertung der Liefer-/Leistungspotenziale benötigt man ein Zahlensystem und einen Wertmaßstab. Der Wertmaßstab wird nicht nur zur Bewertung von real vorhandenen Gütern, sondern auch zur Bewertung jener Ver-mögen genutzt, welche die Güter erst herstellen, also zur Bewertung der Güter-erzeugungspotenziale. In der geldfreien Finanzwirtschaft muss der Wertmaßstab einheitlich und global verwendbarer sein. Denn die Bonität eines Wirtschafts-subjekts kann nicht an einer x-beliebigen Stelle der Welt eine andere sein. Sie ist kein nationengebundener Status.

Jeder Marktteilnehmer hat in dem alle Wirtschaftssubjekte umfassenden digita-len Bonitätsregister sein elektronisches Vermögensfach. Aus diesem kann jede Ver-gütung als Transfer einer bestimmten Anzahl von Wertmaßeinheiten („Value To-kens") vorgenommen werden. Die Einheiten sind vergleichbar mit den „Bonitäts-Scores" von Unternehmen wie Schufa, Bonify und Boniversum. Ihr Symbolismus unterscheidet sich aber von dem der letztgenannten Institute da-durch, dass sie nicht nur irgendwelche valvative Charakteristika der Marktteil-nehmer benennen, sondern darüber hinaus handfeste Vermögensteile darstellen, die *real übertragbar* sind, wenn auch nur in elektronischer Form.

Die soeben gebotene Vision eines Zahlungssystems ist erst dann ideal, wenn die Vergütungen sämtlicher Güter, insbesondere der kollektiven (!), einzelleistungs-und verbrauchsbezogen erfolgt und nicht pauschal, z. B. in Form einer Besteuerung. So wird die Frage bedeutungslos, ob die Daten des Systems, die sich in der Clearingstelle befinden, öffentlich oder nur privat zugänglich sein sollen. Nur Eines ist unverzichtbar: Sie müssen abgesichert sein gegen jede Form von Mani-pulation.

In der geldfreien Wirtschaft verlieren Begriffe wie Inflation und Deflation im Sinne einer branchenübergreifenden dauerhaften Preisveränderung völlig ihren Sinn. Aber diese Wirtschaft kann – genau wie ihre heutige Vorgängerin – allfällige Konjunkturschwankungen nicht verhindern. Denn der Kaufwille der Individuen ist eine unberechenbare Größe. Und sie ist auch in einer geldfreien Wirtschaft unberechenbar. Eine Gesellschaft mit gesunder Wirtschaft wird damit leben können und auch mit den dadurch bedingten Wertschwankungen bei den Gütern. Einloggen und Identifikation innerhalb des geldfreien Zahlungssystems erfolgen durch persönlichen Fingerabdruck. Ein Finger geht in der Regel nicht verloren, anders als z. B. ein Bargeldbetrag, eine Kreditkarte oder eine ID-Nummer. Nach Eingabe des Fingerabdrucks kann die Übertragung der „Tokens" in das Boninätsfach einer anderen Person stattfinden.

Literatur

Argentarius (Pseudonym von Alfred Lansburgh), Vom Gelde, 3 Bände, Hamburg 1921 und 1923, Nachdruck Gärtringen 2016

Bethmann, Johann Philipp von, Unbezahlte Rechnungen – Die Geldmengenpolitik ist am Ende, Frankfurt/M. 1994

Bethmann, Johann Philipp von und **Niquet,** Bernd, Der Euro – Chance für ein besseres Geld, Berlin 1997

Böhm-Bawerk, Eugen von, Insbrucker Vorlesungen über Nationalökonomie, Nachdruck 1998

Europäische Zentralbank (EZB), Das Eurosystem, Frankfurt 2009

Creutz, Helmut, Das Geldsyndrom – Wege zu einer krisenfreien Marktwirtschaft, Berlin 1997

Eckardt, Dietrich, Das Recht uns seine Verfälschung, Berlin 2023a

Gesell, Silvio, Die natürliche Wirtschaftsordnung, 10. Aufl. Lauf 1984

Heinsohn, Gunnar und **Steiger,** Otto, Eigentum, Zins und Geld, Marburg 2006

Huber, Joseph und **Robertson,** James, Geldschöpfung in öffentlicher Hand, Marburg 2014

Issing, Otmar, Einführung in die Geldtheorie, 15. Aufl. München 2011

Kennedy, Margit, Geld ohne Zinsen und Inflation, München 1994

Keynes, John Maynard, A Treatise on Money, in Collected Writings, London 1971

Knapp, Georg Friedrich, Staatliche Theorie des Geldes, Leipzig 1905

Lutz, Friedrich, Grenzen der Geldpolitik, in: Geld und Währung – Gesammelte Abhandlungen, Tübingen 1962

Mises, Ludwig von, Nationalökonomie – Theorie des Handelns und Wirtschaftens, Nachdruck München 1980

Mises, Ludwig von, Theorie des Geldes und der Umlaufmittel, Nachdruck Berlin 2005

Polleit, Thorsten und **Prollius,** Michael von, Geldreform – Vom schlechten Staatsgeld zum guten Marktgeld, München 2014

Riese, Hajo, Grundlegungen eines monetären Keynesianismus, 2 Bände Marburg 2001

Sinn, Hans-Werner, Die wundersame Geldvermehrung – Staatsverschuldung, Negativzinsen, Inflation, Freiburg 2021

Striegel, Bernd, Über das Geld – Geschichte und Zukunft des Wirtschaftens, Lütjenburg 2005

Literatur

Altmiks, Peter (Hrsg.), Im Schatten der Finanzkrise, München 2016

Argentarius (Pseudonym von Alfred Lansburgh), Vom Gelde, 3 Bände, Hamburg 1921 und 1923, Nachdruck Gärtringen 2016

Bagehot, Walter, Lombard Street, A Description of the Money Market, Nachdruck New York 1999

Bagus, Philipp, The Tragedy of the Euro, Auburn 2010

Balkhausen, Dieter, Gutes Geld und schlechte Politik, Düsseldorf 1992

Bebbington, Jan, Local Exchange Trading Systems (LETS) – An introduction and evaluation of the challenges to accounting, Draft 2000

Bethmann, Johann Philipp von, Unbezahlte Rechnungen – Die Geldmengenpolitik ist am Ende, Frankfurt/M. 1994

Bethmann, Johann Philipp von und **Niquet,** Bernd, Der Euro – Chance für ein besseres Geld, Berlin 1997

Binswanger, Hans Christoph, Geld und Magie, Hamburg 2018

Böhm-Bawerk, Eugen von, Insbrucker Vorlesungen über Nationalökonomie, Nachdruck 1998

Brendel, Matthias und **Jost,** Sebastian, Währungshüter oder Nachtwächter? In: Welt am Sonntag, Nr. 14/2013

Brestel, Heinz, Auf dem Weg vom Buchgeld zum Briefgeld, FAZ vom 23.8.1986

Büschgen, Hans, Bankbetriebslehre, Band 1 und 2, Frankfurt/M. 1977

Büschgen, Hans und **Kopper,** Hilmar (Hrsg.), Bundesbankgesetz (BBankG), Frankfurt/M. 1996

Cassirer, Ernst, Die Philosophie der symbolischen Formen, Bd. III, Darmstadt 1964

Creutz, Helmut, Das Geldsyndrom – Wege zu einer krisenfreien Marktwirtschaft, Berlin 1997

Deutsche Bundesbank (Hrsg.), Die Deutsche Bundesbank – Geldpolitische Aufgaben und Instrumente, Frankfurt/M. 1990

Dorner, Herbert, Das Kreditkartengeschäft, Frankfurt/M. 1991

Dostojewski, Fjodor, Sämtliche Werke, München Piper o. J.

Duvendag, Dieter et al., Geldtheorie und Geldpolitik in Europa, 5. Aufl. Berlin 1999

© Springer Fachmedien Wiesbaden 2023

D. Eckardt, *Was ist Geld?*, https://doi.org/10.1007/978-3-658-41976-9

Eckardt, Dietrich, Theorie und Phänomenadäquanz – Die Arithmetik als Exempel, Überlingen 2020

Eckardt, Dietrich, Der Markt und seine Verzerrung, Berlin 2023

Eckardt, Dietrich, Das Recht und seine Verfälschung, Berlin 2023 a

Ehnts, Dirk, Geld und Kredit: Eine europäische Perspektive, Marburg 2016

Estermann, Thomas, Schuldenfreies Tauschgeld, Zürich 1994

Europäische Zentralbank (EZB), Das Eurosystem, Frankfurt 2009

FAZ = Frankfurter Allgeneine Zeitung, Frankfurt 1949 ff

Fisher, Irving, Die Illusion des Geldes, Berlin 1928

Friedman, Milton, Program for Monetary Stability, Chicago 1960

Gericke, Helmuth, Geschichte des Zahlbegriffs, Mannheim 1970

Gesell, Silvio, Die natürliche Wirtschaftsordnung, 10. Aufl. Lauf 1984

Goedecke, Wolfgang et al., Die deutschen Hypothekenbanken, 4. Aufl. Frankfurt/M.. 1997

Gossen, Hermann Heinrich, Entwicklung der Gesetze des menschlichen Verkehrs und den daraus fließenden Regeln für menschliches Handeln, Braunschweig 1854

Griffin, Edward, Die Kreatur von Jekyll Island – Die US-Notenbank Federal Reserve, Rottenburg 2006

Grill, Wolfgang und **Perczynski**, Hans, Wirtschaftslehre des Kreditwesens, 44. Aufl. Troisdorf 2010

Hagen, Jürgen von und **Stein**, Johann Heinrich von (Hrsg.): Obst/Hintner – Geld-, Bank- und Börsenwesen, 40. Aufl. Stuttgart 2000

Hagenmüller, Karl und **Diepen**, Gerhard, Der Bankbetrieb, Wiesbaden 1973

Hayek, Friedrich August von, Entnationalisierung des Geldes. Eine Analyse der Theorie und Praxis konkurrierender Umlaufmittel, Tübingen 1977

Hazlitt, Henry, Economics – Über Wirtschaft und Misswirtschaft, München 2009

Heinsohn, Gunnar und **Steiger**, Otto, Eigentum, Zins und Geld, Marburg 2006

Heise, Arne, Tauschwirtschaft und Geldökonomie, Frankfurt/M. 1991

Herbst, Gerhard, Gesetz über das Kreditwesen, 13. Aufl. Stuttgart 1995

Hobbes, Thomas, Leviathan, Nachdruck Stuttgart 2013

Huber, Joseph, Zur Zukunft der Geldordnung, Marburg 2011

Huber, Joseph und **Robertson**, James, Geldschöpfung in öffentlicher Hand, Marburg 2014

Hudson, Michael, Was sind Schulden? In: FAZ, 3.12.2011

Hülsmann, Jörg Guido, Die Ethik der Geldproduktion, Leip-zig 2007

Husserl, Edmund, Erfahrung und Urteil (hrsg. Ludwig Landgrebe), Hamburg 1972

Issing, Otmar, Einführung in die Geldtheorie, 15. Aufl. München 2011

Jevons, William Stuart, Geld und Geldverkehr, Leipzig 1867

Kant, Immanuel, Werke in sechs Bänden (Hrsg. Wilhelm Weischedel), Tübingen 1966

Kelton, Stephanie, The Defizit Myth – Modern Monetary Theory and How to Build a Better Economy, London 2020

Kennedy, Margit, Geld ohne Zinsen und Inflation, München 1994

Keynes, John Maynard, A Treatise on Money, in Collected Writings, London 1971

Knapp, Georg Friedrich, Staatliche Theorie des Geldes, Leipzig 1905

Knolle-Grothusen, Ansgar u. a., Geldware, Geld und Währung – Grundlagen zur Lösung des Problems der Geldware, Hamburg 2009

Lang, Peter, LETS – Work, Rebuilding the local economy, Bristol 1994

Lengwiler, Yvan, Verräterische Interviews, in Weltwoche, Nr. 9/2011

Lietzmann, Walter, Was ist Geld? Leipzig 1918

Lohmar, Dieter, Phänomenologie und Mathematik, Dordrecht 1989

Luhmann, Niklas, Die Wirtschaft der Gesellschaft, Frankfurt/M. 2019

Lutz, Friedrich, Grenzen der Geldpolitik, in: Geld und Währung – Gesammelte Abhandlungen, Tübingen 1962

Mach, Ernst, Populärwissenschaftliche Vorlesungen, Leipzig 1903

Mankiw, Gregory und **Taylor,** Mark, Grundzüge der Volkswirtschaftslehre, Stuttgart 2021

Martin, Paul, Sachwert schlägt Geldwert, München 1986

May, Rüdiger, Wo bleibt unser Geld? – Verschwendung der Steuergelder, Düsseldorf 1976

Mayer, Thomas, Europas unvollendete Währung, Weinheim 2013

Menger, Carl, Grundsätze der Volkswirtschaftslehre, Wien 1871, Nachdruck 2006

Mill, John Stuart, On Liberty, 1859, Nachdruck Stuttgart 2009

Mises, Ludwig von, Nationalökonomie – Theorie des Handelns und Wirtschaftens, Nachdruck München 1980

Mises, Ludwig von, Theorie des Geldes und der Umlaufmittel, Nachdruck Berlin 2005

Mises, Ludwig von, Ein Lexikon (Hrsg. Michael Ladwig), München 2016

Niehans, Jürg, The Theory of Money, Baltimore 1978

Nirk, Rudolf, Das Kreditwesengesetz, Frankfurt/M. 1996

Picot, Arnold, Die grenzenlose Unternehmung, Wiesbaden 2003

Oppenheimer, Franz, Der Staat – Eine soziologische Studie, Nachdruck Berlin 1990

Polleit, Thorsten und **Prollius,** Michael von, Geldreform – Vom schlechten Staatsgeld zum guten Marktgeld, München 2014

Reinach, Adolf, Phänomenologie des Rechts – Die apriorischen Grundlagen des bürgerlichen Rechts, 1913, Nachdruck München 1953

Ricardo, David, Prinziples of Political Economy and Taxation, New York 1996

Riese, Hajo, Grundlegungen eines monetären Keynesianismus, 2 Bände Marburg 2001

Rohland, Wulf, Gelddefinition und Geldschöpfung, Bern 1983

Rösl, Gerhard, Regionalwährungen in Deutschland – Lokale Konkurrenz für den Euro? in Deutsche Bundesbank, Volkswirtschaftliche Studien Nr. 43, Frankfurt/M. 2006

Rossi, Sergio, Money and Payments in Theory and Practice, London 2007

Rothbard, Murray Newton, Das Scheingeldsystem – wie der Staat unser Geld zerstört, Gräfelfing 2005

Samuelson, Paul und **Nordhaus,** William, Economics, New York 2005

Schacht, Hjalmar, Mehr Geld – Mehr Kapital – Mehr Arbeit, Bleckede 1949

Schäuble, Wolfgang in der Zeitschrift Der Stern, Nr. 48/2008

Schmitt, Bernard, Die Theorie des Kreditgeldes, aus dem Französischen von Wulf Rohland, Stuttgart 1978

Schumpeter, Joseph, Das Wesen des Geldes, Göttingen 2008

Senf, Bernd, Der Nebel um das Geld, Lütjenburg 1997

Simmel, Georg, Philosophie des Geldes, Berlin 1987

Sinn, Hans-Werner, Die wundersame Geldvermehrung – Staatsverschuldung, Negativzinsen, Inflation, Freiburg 2021

Sofsky, Wolfgang, Macht und Stellvertretung, Leipzig 2019

SPIEGEL, Wochenmagazin, Hamburg Jg. 1949 ff

Striegel, Bernd, Über das Geld – Geschichte und Zukunft des Wirtschaftens, Lütjenburg 2005

Wagemann, Ernst, Was ist Geld? Oldenburg 1932

Wagner, Valentin Fritz. Geschichte der Kredittheorien Wien 1937

Weis, Mathias und **Spitzeck,** Heiko (Hrsg.), Der Geldkomplex – Kritische Reflexionen unseres Geldsystems und mögliche Zukunftszenarien, Bern 2008

Wieser, Friedrich von, Über den Ursprung und die Hauptgesetze des wirthschaftlichen Werthes, Wien 1884, Nachdruck 2016

Williams, Colin, The new barter economy: An Appraisal of Local Exchange and Trading Systems (LETS) in Journal of Public Politics 16, London 1998

Wirtschaftswoche, Wochenmagazin, Düsseldorf 1973 ff

The manufacturer's authorised representative in the EU is Springer
Nature Customer Service Centre GmbH, Europaplatz 3, 69115 Heidelberg,
Germany. If you have any concerns regarding our products, please
contact ProductSafety@springernature.com

Printed and bound by CPI Group (UK) Ltd, Croydon, CR0 4YY

28/04/2026

02098542-0006